虚拟仿真 经管类专业虚拟仿真实验系列教材

企业经营与ERP沙盘模拟实训教程

(第二版)

任志霞 主编　杨亚西　罗琼 副主编

U0952875

Southwestern University of Finance & Economics Press
西南财经大学出版社
中国·成都

图书在版编目(CIP)数据

企业经营与 ERP 沙盘模拟实训教程/任志霞主编 .—2 版.—成都:
西南财经大学出版社,2020. 8
ISBN 978-7-5504-4479-9

Ⅰ. ①企…　Ⅱ. ①任…　Ⅲ. ①企业管理—计算机管理系统—高等学校—教材　Ⅳ. ①F272. 7

中国版本图书馆 CIP 数据核字(2020)第 147315 号

企业经营与 ERP 沙盘模拟实训教程(第二版)

Qiye Jingying yu ERP Shapan Moni Shixun Jiaocheng

任志霞　主编

杨亚西　罗琼　副主编

责任编辑:陈何真璐
装帧设计:穆志坚　张姗姗
责任印制:朱曼丽

出版发行	西南财经大学出版社(四川省成都市光华村街 55 号)
网　　址	http://www. bookcj. com
电子邮件	bookcj@ foxmail. com
邮政编码	610074
电　　话	028-87353785
照　　排	四川胜翔数码印务设计有限公司
印　　刷	郫县犀浦印刷厂
成品尺寸	185mm×260mm
印　　张	11
字　　数	246 千字
版　　次	2020 年 8 月第 2 版
印　　次	2020 年 8 月第 1 次印刷
印　　数	1— 2000 册
书　　号	ISBN 978-7-5504-4479-9
定　　价	32. 80 元

1. 版权所有,翻印必究。
2. 如有印刷、装订等差错,可向本社营销部调换。
3. 本书封底无本社数码防伪标识,不得销售。

经管类专业虚拟仿真实验系列教材
编 委 会

主　任： 林金朝

副主任： 万晓榆　卢安文　张　鹏　胡学刚　刘　进

委　员： 龙　伟　付德强　吕小宇　任志霞　刘雪艳
刘丽玲　杜茂康　李　艳　何建洪　何郑涛
张　洪　陈奇志　陈家佳　武建军　罗文龙
周玉敏　周　青　胡大权　胡　晓　姜　林
袁　野　黄蜀江　樊自甫　蹇　洁

总序

实践教学是高校实现人才培养目标的重要环节，对形成学生的专业素养，养成学生的创新习惯，提高学生的综合素质具有不可替代的重要作用。加强和改进实践教学环节是促进高等教育方式改革的内在要求，是培养适应社会经济发展需要的创新创业人才的重要举措，是提高本科教学质量的突破口。

信息通信技术（ICT）的融合和发展推动了知识社会以科学2.0、技术2.0和管理2.0三者相互作用为创新引擎的创新新业态（创新2.0）的形成。创新2.0以个性创新、开放创新、大众创新、协同创新为特征，不断深刻地影响和改变着社会形态以及人们的生活方式、学习模式、工作方法和组织形式。随着国家创新驱动发展战略的深入实施，高等学校的人才培养模式必须与之相适应，应主动将“创新创业教育”融入人才培养的全过程，应主动面向“互联网+”不断丰富专业建设内涵、优化专业培养方案。

“双创教育”为经济管理类专业建设带来了新的机遇与挑战。一方面，经济管理类专业建设应使本专业培养的人才掌握系统的专门知识，具有良好的创新创业素质，具备较强的实际应用能力；另一方面，经济管理类专业建设还应主动服务于以“创新创业教育”为主要内容的相关专业的建设和发展。在进行包括师资建设、课程建设、资源建设、实验条件建设等内容的教学体系建设中，教学内容、资源、方式、手段的信息化提供了有力的支撑。《国家中长期教育改革和发展规划纲要（2010—2020年）》提出：信息技术对教育发展具有革命性影响，必须予以高度重视。《教育信息化十年发展规划（2011—2020年）》提出：推动信息技术和高等教育深度融合，建设优质数字化资源和共享环境，在2011—2020年建设1 500套虚拟仿真实训实验系统。经济管理类专业的应用性和实践性很强，其实践教学具有系统性、综合性、开放性、情景性、体验性、自主性、创新性等特征，实践教学平台、资源、方式的信息化和虚拟化有利于促进实践教学模式改革，有利于提升实践教学在专业教育中的效能。但是，我国经济管理类专业实践教学体系的信息化和虚拟化起步较晚，全国高校已建的300个国家级虚拟仿真实验教学中心主要集中在理工农医类专业。为了实现传统的验证式、演示式实践教学向体验式、互动式的实践教学转变，将虚拟仿真技术运用于经济管理类专业的实践教学显得十分必要。

重庆邮电大学经济管理类专业实验中心在长期的实践教学过程中，依托学校的信息通信技术学科优势，不断提高信息化水平，积极探索经济管理类专业实践教学的建设与改革，形成了“两维度、三层次”的实践教学体系。在通识经济管理类人才培养的基础上，将信息技术与经济管理知识两个维度有效融合，按照管理基础能力、行业应用能力、综合创新能力三个层次，主要面向信息通信行业，培养具有较强信息技术能力的经济管理类高级人才。该中心2011年被评为“重庆市高等学校实验教学示范中心”，2012年建成了重庆市高校第一个云教学实验平台——“商务智能与信息服务实验室”。2013年以来，该中心积极配合学校按照教育部及重庆市建设国家级虚拟仿真实验教学中心的相关规划，加强虚拟仿真环境建设，自主开发了“电信运营商组织营销决策系统”“电信boss经营分析系统”“企业信息分析与业务外包系统”三套大型虚拟仿真系统，同时购置了“企业经营管理综合仿真系统”“商务智能系统”以及财会、金融、物流、人力资源、网络营销等专业的模拟仿真教学软件，搭建了功能完善的经济管理类专业虚拟化实践教学平台。

为了更好地发挥我校已建成的经济管理类专业虚拟实践教学平台在“创新创业教育”改革中的作用，在实践教学环节让学生在全仿真的企业环境中了解企业的生产运营过程，缩小课堂教学与实际应用的差距，需要一套系统规范的实验教材与之配套。因此，我们组织长期工作在教学一线、具有丰富实践教学经验和企业工作经历的教学和管理团队精心编写了系列化实验教材，并在此基础上进一步开发虚拟化仿真实践教学资源，以期形成完整的基于教育教学信息化的经济管理类专业的实践教学体系，使该体系在全面提升经济管理类专业学生的信息处理能力、决策支持能力和协同创新能力方面发挥更大的作用，同时更好地支持学校实施的“以知识、能力、素质三位一体为人才培养目标，以创新创业教育改革为抓手，以全面教育教学信息化为支撑”的本科教学模式改革。各位参编人员广泛调研、认真探讨、严谨治学，为该系列实验教材的出版付出了辛勤的劳动，西南财经大学出版社对本系列实验教材的出版给予了鼎力支持。本系列实验教材的编写和出版获得了重庆市高校教学改革重点项目“面向信息行业的创新创业模拟实验区建设研究与实践（编号132004）”的资助。在此一并致谢！

由于本系列实验教材的编写和出版是对虚拟化经济管理类专业实践教学模式的探索，经济管理类专业的实践教学内涵本身也还在不断地丰富和发展，加之出版时间仓促，编写团队的认知和水平有限，本系列实验教材难免存在一些不足，恳请同行和读者批评指正！

林金朝

2016年8月

再版前言

《企业经营与ERP沙盘模拟实训教程》作为经管类专业虚拟仿真实验系列教材之一，于2017年推出第一版，旨在借助沙盘模拟的体验式教学，有效帮助学生将书本理论知识转化为分析问题、解决问题和团队沟通协作的实践能力。

本次再版在保持第一版内容体系和架构的基础上，根据读者反馈的修改建议，对部分内容进行了修订和完善，主要包括：

- 在第一章沙盘的发展历程中增加了部分图例，并对物理沙盘和电子沙盘的关系加以说明；
- 对第二章ERP工作流程中的实例补充了解释性说明文字；
- 对第三章部分概念、文字进行修正和解释；
- 删减第六章中直接租赁的资本成本和售后回租的资本成本相关内容；
- 变更第七章主题“企业人力资源管理方法”为“企业团队管理方法”，并修改了相关内容；
- 替换了第十一章部分表格，并完善了部分表格的注释。

本书适合选作高等院校工商管理、市场营销、会计学、财务管理、人力资源管理、经济学等经济管理专业的本科或专科实验实践教材，也可以作为对学习沙盘经营模拟有兴趣的读者的学习参考书。

本次修订由重庆邮电大学经济管理学院教师任志霞、杨亚西、罗琼共同完成。各章的修订分工为：第1、2、7、8、9、10章由任志霞执笔，第3、4、5章由罗琼执笔，第6、11、12章由杨亚西执笔。在修订过程中，本书吸收和借鉴了国内外相关教材、专著和其他文献资料，在此谨向各位作者表示感谢。

自本书第一版问世以来，编写组收到了校内外不少师生和读者朋友的宝贵意见，值此第二版问世之际，我们谨向选用本书和提出宝贵修改建议的广大师生和读者朋友，致以衷心的感谢！此外，本书的再版得到了西南财经大学出版社领导及编辑同志的热情支持和大力帮助，在此，我们一并表示衷心的感谢！

由于编者水平和时间有限，书中难免存在不足之处，恳请广大师生和读者朋友批评指正。

任志霞

2020年3月

前言

本书的编写是以教育部关于“十二五”期间“推进高等院校实验教学改革与创新，促进创新人才成长，提高人才培养质量”的目标为核心，充分融入高等院校经济管理类专业的人才培养目标，旨在培养学生良好的逻辑思维能力、问题解决能力以及勇于创新的精神，全面提高学生的综合素质。长期以来，许多高校都将培养学生的综合素质与能力摆在重要位置，注重对学生进行技术能力、创新意识、人文素养、经济思维等方面的教育与引导。然而，由于我国企业界和教育界之间缺乏固定长久的合作关系和联系机制，实践性教学环节不能形成一个良好持久的运行机制，这就要求我们为学生开设一些涉及面广、综合性强、导向性显著的课程，并编写出能够适应这种特殊要求的教材。《企业经营与 ERP 沙盘模拟实训教程》通过体验式的教学模式，可以有效地培养学生的综合能力，帮助学生实现从理论到实践再到理论的上升，将自己亲身经历的宝贵实践经验转化为全面的理论模型，从而改变过去对经济管理类专业“空而虚”的印象。

本书内容共包括四个模块。一是导入篇，以 ERP 沙盘模拟简介为起点，对沙盘模拟课程与教学组织状况进行说明，并指出 ERP 经营理念在企业经营中的应用，让学生对课程形成初步的认知；二是基础篇，分别从战略、生产、营销、财务及人力资源管理五个方面，对模拟企业运营决策中可能使用的各种管理方法与工具进行介绍，帮助学生加强经营决策制定环节的训练；三是实战篇，结合模拟企业概况、运营规则及经营流程三个方面进行详细介绍，并针对学生比较容易犯错和模糊的环节进行重点阐述；四是总结篇，对模拟企业经营成果进行生产、营销、成本及财务分析，并对经营过程和报表编制中的常见问题进行解析。与国内相同类型的教材相比，本教材具有以下特点：其一，突破专业壁垒，拓宽学生的知识体系；其二，强化经营分析，激发学生的学习热情；其三，提供问题解析，提高学生的自学能力。

本书是重庆邮电大学经济管理学院诸多老师的辛勤付出和集体智慧的结晶，具体编写分工如下：任志霞编写第 1、2、7、8、9、10 章，罗琼编写第 3、4、5 章，杨亚西编写第 6、11、12 章。吴雪婷、陈然芳、巫伟标等也在资料搜集、文字校对及审核等方面做了大量工作。最后，全书由任志霞负责统稿、修改、定稿。

在写作过程中，本书吸收和借鉴了国内外相关教材、专著、案例和文献资料，在此谨向各位作者深表谢意。此外，本书的出版得到了西南财经大学出版社领导及编辑同志的热情支持和大力帮助。在此，我们一并表示最衷心的感谢！

由于时间仓促和编者水平所限，书中错谬之处难免，敬请广大读者批评指正，提出宝贵意见和建议，以便再版时得以更正完善。

编　者

2017 年 2 月

目 录

第一篇　导入篇

第二篇　基础篇

第三篇 实战篇

第四篇 总结篇

第一篇　导入篇

1 ERP 沙盘模拟简介

1.1 沙盘与 ERP 概述

1.1.1 沙盘的由来与发展

所谓“沙盘”，是指在木盘里用沙土做成的地形模型。在军事题材的电影、电视作品中，我们常常看到指挥员们站在一个地形模型前研究作战方案。这种根据地形图、航空像片或实地地形，按一定的比例关系，用泥沙、兵棋和其他材料堆制的模型就是沙盘。沙盘具有立体感强、形象直观、制作简便、经济实用等特点。沿古至今，沙盘的发展历经了以下三个阶段：

第一阶段：应用于军事。

沙盘最早源于军事用途，是古代统治者的将帅指挥作战的用具，供研究地形、敌情、作战方案、组织协调和实施训练时使用。

沙盘在我国的运用历史悠久。在《史记·秦始皇本纪》中有这样一段记载：“以水银为百川江河大海，机相灌输，上具天文，下具地理。”据说，秦国在部署灭六国时，秦始皇亲自堆制沙盘来研究各国的地理形势，在李斯的辅佐下，派大将王翦带兵作战，最终实现一统天下的鸿鹄大志。后来，秦始皇在修建陵墓时，在自己的陵墓中堆塑了一个大型的地形模型。模型中不仅砌有高山、丘陵、城池等，而且还用水银模拟江河、大海，用机械装置使水银流动循环。可以说，这是最早的沙盘雏形，至今已有 2 200 多年历史。另据《后汉书·马援列传》记载，公元 32 年，汉光武帝征讨陇西的隗嚣，召名将马援商讨进军战略。马援对陇西一带的地理情况非常熟悉，就用米堆成一个与实地地形相似的模型，从战术上做了详尽的分析。光武帝刘秀看后，高兴地说：“虏在吾目中矣！”（敌人尽在我的眼中了！）

沙盘在国外最早出现于 1811 年，当时，普鲁士国王腓特烈·威廉三世的文职军事顾问冯·莱斯维茨，用胶泥制作了一个精巧的战场模型，用颜色把道路、河流、村庄和树林标示出来，用小瓷块代表军队和武器，陈列在波茨坦皇宫里，用来进行军事游戏。后来，莱斯维茨的儿子利用沙盘、地图表示地形地貌，用各种标志表示军队和武器的配置情况，按照实战方式进行策略谋划。这种“战争博弈”就是现代沙盘作业的雏形。

19 世纪末和 20 世纪初，沙盘主要用于军事训练，在军事上取得了极大的成功。战争沙盘模拟推演通过红、蓝两军在战场上的对抗与较量，使得作战指挥员不需要亲临现场就能清晰地总揽全局，发现双方战略战术上存在的问题，从而运筹帷幄，做出最优的决策。由于沙盘节省了实战演习的巨大经费开支，不受士兵演习时间与空间的限制，因此在世界各国重大战争战役中得到普遍运用。

第二阶段：应用于教学。

1978 年，瑞典皇家理工学院的科拉斯·梅兰（Klas Mellan）开发了沙盘模拟训练课程。该课程模拟企业的整体运作，包括战略规划、资金筹集、市场开拓、产品研发、生产组织、物资采购、设备投资及改造、财务核算及管理等，其特点是采用体验式培训方式，遵循“体验—分享—提升—应用”的过程，以达到学习的目的。最初该课程主要是从非财务人员的财务管理角度来设计的，之后被不断改进与完善，针对企业首席执行官（CEO）、首席财务官（CFO）等职位的沙盘演练课程被相继开发出来。这种课程最初是一种计算机辅助教学方式，许多知名跨国企业如国际商用机器公司（IBM）、摩托罗拉公司（Motorola）等纷纷采用这种新颖的培训方式。每次培训分为两个部分：培训前期，由两位专家讲授理论，涉及企业管理的主要内容，如战略管理、市场营销、财务管理、信息管理、人力资源管理等；培训后期，则把学院分成若干组，利用计算机进行企业竞争模拟。这种方式直观形象、生动有趣，引起了学院的极大兴趣，也使得该课程迅速风靡全球。目前“沙盘演练”的课程被世界 500 强的企业作为中高层管理者的必上培训课程之一，也被欧美的商学院作为 EMBA（高级管理人员工商管理硕士）的培训课程。

20 世纪 90 年代，沙盘模拟类培训课程被引入我国，率先在企业的中高层管理者培训中使用并快速发展。其中，最典型的便是以原汁原味的课程为特色的深圳的竞越公司、以拓展互动为特色的北京的人众人公司，这些公司使原本成熟的课程体系进一步融入了中国企业的经营特色，更贴近企业的实际。沙盘模拟教学模式较早被北京大学、清华大学、中国人民大学、浙江大学等多所高等院校纳入 MBA（工商管理硕士）、EMBA 及中高层管理者在职培训的教学之中，深受学员喜爱。1996 年，国际企业管理挑战赛（GMC）在中国赛区的比赛吸引了 96 个队伍的参加，包含了大多数提供 MBA 学位教育的国内著名的管理学院。比赛从美国、加拿大、德国、日本等国家引进了一些模拟软件。然而，英文界面的企业竞争模拟软件在中国应用有很大的局限性。1995 年，北京大学开始研发中文界面的企业竞争模拟软件。后来几经改进，该模拟软件在 2003 年全国 MBA 培养院校企业竞争模拟比赛中使用。但是计算机模拟仍有其局限性，如模拟空洞、过于抽象、互动性不强等。2005 年，用友公司院校事业部借鉴国外沙盘培训课程开发了“用友 ERP 沙盘”。最初该产品仅用于向企业客户介绍 ERP 原理和 ERP 软件应用的必要性。后来，用友公司院校事业部发现该产品可以成为中国本科和高职院校的实训课程。现在，许多本科和高职院校的经济管理类专业都不同程度地引入了沙盘课程，教学反应和教学效果良好。

第三阶段：应用于广泛领域。

今天，沙盘的使用不再仅限于军事和教学，在社会经济生活的各个领域也得以广泛推广和应用，尤其是城市规划、房地产开发、旅游景区设计等领域，通过沙盘模型的立体感官和直观形象充分展示其特点。而随着现代信息技术的发展，出现了能够实时动态反映客观对象情况的电子沙盘，促使沙盘向自动化、多样化的方向发展。

电子沙盘，也称数字沙盘，是集遥感、动态投影、3D 动画、地理信息系统、虚拟现实等技术于一体的高端展览展示设备。电子沙盘解决了传统实体沙盘表现能力差的问题，可以采用 3D 动画模拟出真实的地形地貌、建筑、道路、自然环境等，可采用程序实现地形动态分析、漫游、标注等交互功能，克服了实体沙盘占地面积大、携带不方便、表现内容单调且难以更新等缺点。因此，电子沙盘被越来越广泛地应用于房地产、工程施工、水利电力、航空、企业展馆、城市规划、军事等行业。

电子沙盘一般包括三种类型：

第一，触摸式电子沙盘。触摸式实景电子沙盘系统以传统沙盘为基础，为其增加红外感应设备、计算机、音响设备、显示设备（可选）。观众可以用手指或棍子指点沙盘上的各个位置，红外感应设备可以立刻将被点击位置的坐标信息传送至计算机，计算机会将该位置的介绍性内容以声音、视频的方式进行播放，为观众提供详细的点对点的说明介绍。

第二，三维仿真电子沙盘。三维虚拟仿真是一种基于可计算信息的沉浸式交互环境，具体地说，就是采用以计算机技术为核心的现代高科技手段生成逼真的视、听一体化的特定范围的虚拟环境，用户借助必要的设备（鼠标、方向盘等外部配件）以自然的方式与虚拟环境中的对象进行交互作用、相互影响，从而产生亲临真实环境的感受和体验。其主要优势有：不受场地限制，表现效果更为优美、逼真，具有很强的交互性，走进三维虚拟仿真中的虚拟环境，恰如身临其境。

第三，投影电子沙盘。投影沙盘是采用以计算机技术为核心的现代高科技手段生成逼真的三维图像模型，借助投影显示设备或其他显示设备把计算机上的三维或四维图形图像模型显示到台面上。具体地说，就是将模拟的三维立体影像精确投影到实体模型的相应位置，与实体沙盘互动展示的演示相映生辉，使沙盘的演示效果更加形象、生动，还可以是桌面投影、地面投影、墙面投影显示等，参观者以自然的手势动作与大屏幕投影的三维模型交互作用，多方位多层次浏览查询，从而快速地获取简明、精确、优美、逼真的动态信息。

此外，沙盘模型如今也被用于心理治疗领域。沙盘游戏治疗是目前国际上很流行的心理治疗方法。在幼儿园和中小学校，它被广泛应用于儿童和青少年的心理教育与心理治疗；在大学和成人的心理诊所，它也深受欢迎。通过唤起童心，人们找到了回归心灵的途径，进而身心失调、社会适应不良、人格发展障碍等问题在沙盘中得以化解。可以说，随着时间的推移，沙盘必将渗入生活的更多方面，为生活带来更多的便利。

1.1.2 ERP 的含义

经济学强调对资源的优化配置，其目的是“少投入、多产出”，企业作为社会组织中的经济实体，永远离不开这一目标，即通过统一规划并协调运作其业务活动，对资源进行优化配置，从而更有效率地达成组织目标。ERP 是英文 enterprise resource planning（企业资源计划）的缩写，其核心就是利用先进的理念和工具，对企业所有的资源进行优化配置，从而最优地达成企业目标。简单地说，就是将企业的三大流——物流、资金流、信息流进行全面集成的管理和优化。我们可以从管理思想、软件产品、管理系统三个层次给出 ERP 的定义：

（1）ERP 是由美国著名的计算机技术咨询和评估集团 Gartner Group 提出的一整套企业管理系统体系标准，其实质是在 MRP Ⅱ（英文 manufacturing resource planning Ⅱ 的缩写，即制造资源计划 2）的基础上进一步发展而成的面向供应链（supply chain）的管理思想。

（2）ERP 是综合应用了客户机/服务器体系、关系数据库结构、面向对象技术、图形用户界面、第四代语言（4GL）、网络通信等信息产业成果，以 ERP 管理思想为灵魂的软件产品。

（3）ERP 是集企业管理理念、业务流程、基础数据、人力物力、计算机硬件和软件于一体的企业资源管理系统。其主要宗旨是对企业所拥有的人、财、物、信息、时间和空间等综合资源进行综合平衡和优化管理，协调企业各管理部门，围绕市场导向开展业务活动，提高企业的核心竞争力，从而取得最好的经济效益。

所以，ERP 不仅是一个软件，也是一个管理工具。它是 IT 技术与管理思想的融合体，也就是先进的管理思想借助电脑来达成企业的管理目标。

目前，ERP 在我国所代表的含义已经被扩大。用于企业的各类软件，均已被纳入 ERP 的范畴。它跳出了传统企业边界，从供应链范围去优化企业的资源，是基于网络经济时代的新一代信息系统，主要用于改善企业业务流程以提高企业的核心竞争力。

1.1.3 ERP 沙盘

ERP 沙盘，是企业资源计划沙盘的简称，即利用实物沙盘直观、形象地展示企业的内部资源和外部资源。企业通过 ERP 沙盘可以展示企业的主要物质资源，包括厂房、设备、仓库、库存物料、资金、职员、订单、合同等各种内部资源；还可以展示包括企业上下游的供应商、客户和其他合作组织，甚至为企业提供各种服务的政府管理部门和社会服务部门等外部资源。一般来说，ERP 沙盘展示的重点是企业内部资源。

ERP 沙盘必须将企业的物流、资金流、信息流和企业的基本组织结构反映到沙盘盘面上。从输入输出系统角度而言，任何一个企业必须具备三大职能：市场营销、内部运营和生产、财务会计。其中，市场营销是企业生存和发展的源头，内部运营和生产是企业生存和发展的具体方式，财务会计是企业生存和发展的状况。因此，ERP 沙盘必须反映这三大职能和三大流，如图 1-1 和图 1-2 所示。

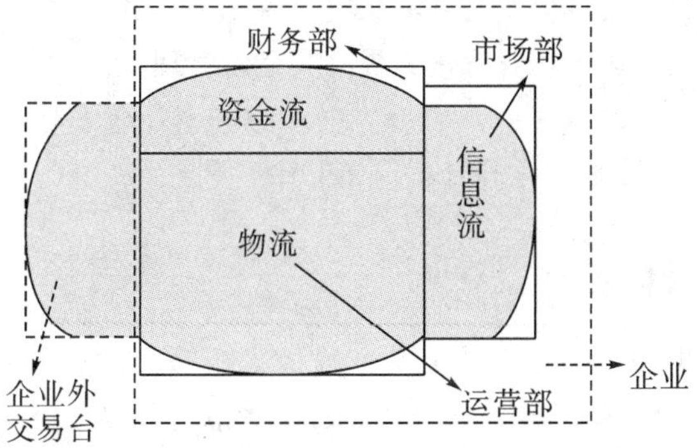

图 1-1　ERP 沙盘企业盘面

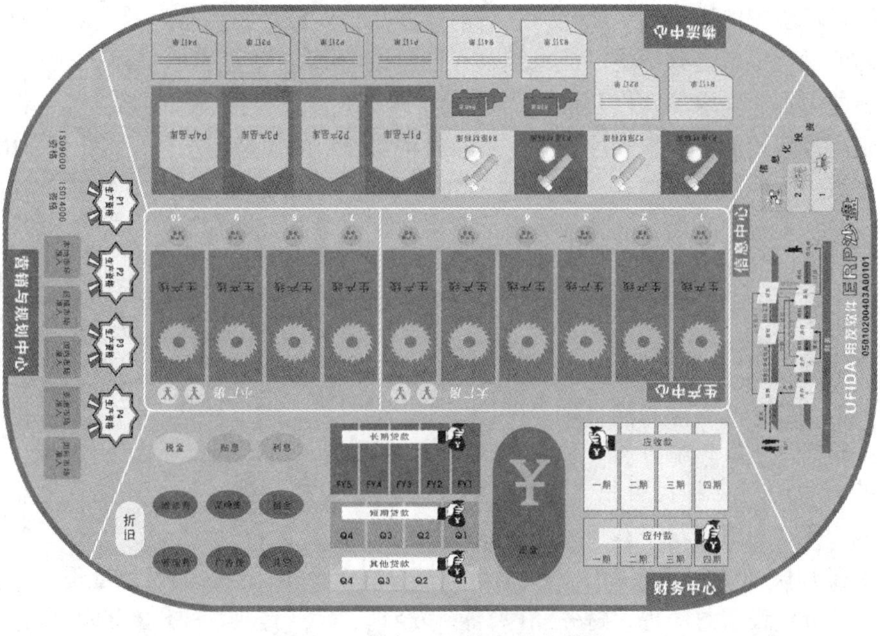

图 1-2　用友 ERP 沙盘企业盘面

图 1-2 中的物流中心和生产中心即图 1-1 中的运营部，是企业的内部运营与生产中心，主要负责在原料市场上获得企业所需的人力、物料、技术、设备，通过企业生产中心的生产制造，生产出产品，然后再将产品卖给市场客户，主要承担着物流的运营：实现原材料、半成品、成品及相关信息由商品的产地到商品的消费地所进行的计划、实施和管理的全过程。图 1-2 中的财务中心和图 1-1 中的财务部就是承担企业的财务会计职能的组织部门，主管着随着商品实物及其所有权的转移而发生的资金往来过程，即承担着资金流的运营管理：从企业外部获得资金，支出资金获得原料并生产出产品，将产品售卖给顾客回收资金。图 1-2 中的营销与规划中心和图 1-1 中的市场部是承担企业市场营销的组织部门，主管着市场信息流的运营管理：采用各种方式来实现信息交流，包括信息的搜集、传

递、处理、储存、检索、分析等渠道和过程。综上所述，ERP 沙盘企业盘面可以通过盘面和相应的工具将企业的基本状况反映出来，并通过各个企业部门员工上岗运作来进行模拟企业的经营管理，提高其经营管理水平。

1.2 ERP 沙盘模拟课程简介

1.2.1 课程描述

ERP 沙盘模拟的前身是企业运营沙盘仿真实验，自从 1978 年被瑞典皇家理工学院的科拉斯·梅兰开发之后，沙盘模拟演练迅速风靡全球，国际上许多知名的学院（如哈佛商学院、瑞典皇家理工学院等）和一些管理咨询机构都在用沙盘模拟演练，对职业经理人、MBA、经济管理类学生进行培训，以期提高他们在实际经营环境中的决策和运作能力。目前，沙盘推演已经得到普遍推广，企业资源计划沙盘模拟就是其中之一，也就是我们所说的 ERP 沙盘模拟实训。21 世纪初，我国的用友、金蝶等软件公司相继开发出了 ERP 沙盘模拟演练的教学版，将它推广到高等院校的实验教学过程中。本教材中所介绍的便是用友公司推出的 ERP 沙盘模拟演练的版本。现在，越来越多的高等院校为学生开设了 ERP 沙盘模拟课程，并且都取得了很好的教学效果。

ERP 沙盘模拟课程就是利用直观形象的沙盘教具，构建仿真企业环境，让学生以企业管理者的角色进入场景，并在动态的竞争中运作企业，实现企业资源的有效配置与协调。ERP 沙盘模拟课程可分为实物沙盘经营和电子沙盘经营（结合实物）两种形式。实物沙盘经营的优点是形象直观，灵活性高，教师把控自由度大，经营气氛好，适合初学者；缺点是组织要求高，监控难度大，一次参与不宜超过 12 组。电子沙盘可独立运行，也可以结合实物沙盘运行，其优点是监控容易，一次参与组数较多；缺点是不够形象直观。

在 ERP 沙盘模拟实训中，受训学员被分成 6 个相互竞争的模拟管理团队，每个团队分别设置总经理、财务经理、营销经理、生产经理、采购经理等角色。各团队分别经营一个销售良好、资金充裕的虚拟公司，连续从事 6 个会计年度的经营活动。通过直观的企业经营沙盘来模拟企业运行状况，学员从整体战略、产品研发、设备投资改造、生产能力规划与排程、物料需求计划、资金需求规划、市场与销售、财务经济指标分析、团队沟通与建设等多个方面，体会企业经营运作的全过程，认识到企业资源的有限性，从而深刻理解 ERP 的管理思想，领悟科学的管理规律，提升管理能力。指导教师通过运用分组讨论、集中研讨、角色扮演、情景模拟、案例分析、教师点评等多种教学手段，调动受训学员在高度兴奋状态下完成实训课程，确保受训学员对先进的经营思想和管理方法充分理解并娴熟运用。

ERP 沙盘模拟实训的过程如图 1-3 所示。

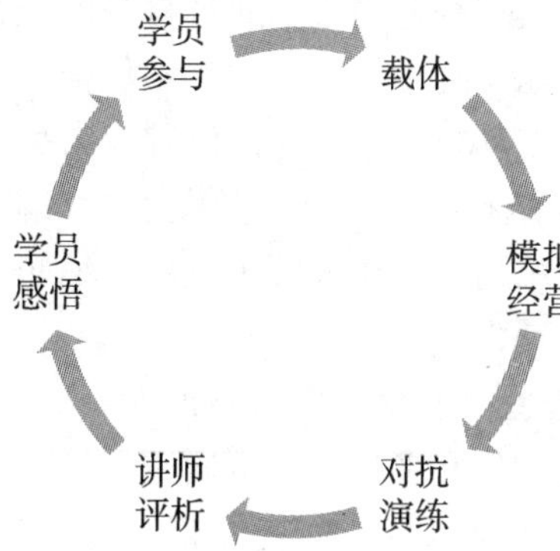

图 1-3　ERP 沙盘模拟实训过程

1.2.2　课程内容

ERP 沙盘模拟课程涉及的教学内容包括：

（1）整体战略方面，包括：评估企业内部资源与外部环境，预测市场趋势，制定长中短期经营策略。

（2）生产运作方面，包括：获取生产能力的方式，设备更新与生产线改良，调配市场需求，交货期和数量，库存管理及产销配合等。

（3）市场营销方面，包括：市场分析，开发新产品决策，产品组合与市场定位策略的制定，市场地位的建立与维护，不同市场盈利机会的研究与开拓。

（4）财务管理方面，包括：制订投资计划，评估应收账款回收期，现金流量的管理与控制，财务报表编制，财务分析与内部诊断，协助管理决策，评估决策效益等。

ERP 沙盘模拟的课程内容与目标对应关系如图 1-4 所示。

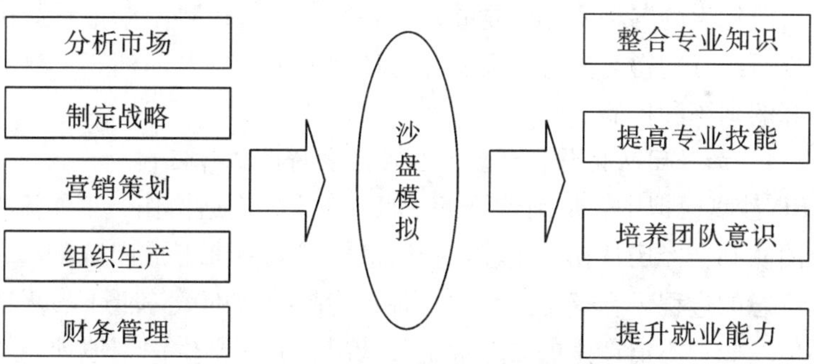

图 1-4　ERP 沙盘模拟课程的内容与目标

1.2.3　课程特色

1.2.3.1　课堂生动有趣，激发学生的学习热情

传统的管理课程教学方式都是以“理论+案例”为主，理论比较枯燥，而案例又以实际企业当前存在的管理问题为主。这种教学模式只能将理论知识在案例中阐述，然而 ERP 沙盘模拟实训课程正好弥补了此类教学模式的缺点。沙盘模拟

实训，使学生完全置身于模拟企业之中，通过自身的经营与管理，学生亲身体会和深刻感受到如何管理企业。这种体验式教学不仅把多种管理知识融于一体，而且增强了学习的娱乐性和主动权，使枯燥的课程变得生动有趣；它还能通过制定修改游戏规则进行组内协作和组间对抗，激发了参与者的竞争意识和学习热情，使其学会搜集、加工和利用信息，积累管理经验，缩短了理论与实践的距离，为以后学习管理知识增添了动力。

1.2.3.2 突破专业壁垒，拓宽学生的知识体系

随着经济活动日渐复杂化和多样化，不确定性经济事项日益增多，经济管理类专业学生将面临多元、开放和动态的工作环境，经济活动对其知识结构和职业能力亦提出了更高的要求。ERP 沙盘模拟演练，对企业经营管理进行全方位的展现，设计了战略规划、产品研发、生产组织、市场与销售、财务管理、团队沟通与建设等诸多环节，涵盖的知识面非常宽广。企业管理团队要将每一个环节运行好，实现财务、采购、生产、营销的一体化，实现物流、资金流、信息流的协调统一。而解决这些问题，需要学生灵活运用所学工商管理、市场营销、财务会计等学科的专业知识。ERP 沙盘模拟课程将以上内容进行有机整合，打破各学科的专业壁垒，将零散的专业知识转化为相互贯通的系统知识，并且将这种整合后的知识灵活运用于工作以解决实际问题，从而实现理论与实践的真正结合。

1.2.3.3 改变思维定式，提高学生分析和解决问题的能力

传统的案例教学模式都是由老师在对理论知识进行讲解的基础上，再通过案例来加深理解，这其实是给了学生一个思维定式，告诉学生这么做是对的，在一定程度上限定了学生的思维方式，无法开拓学生的个性，不能使其胆识和才智得以充分发挥。而沙盘模拟实训由于情况复杂，可变性多，不仅增强了趣味性，而且让学生自己去扮演企业中的相应角色，面对各种情况自己去分析、做决策，去应对随时可能发生的各种实际问题并着手解决，同时还要不断地分析决策的成功与失误，分析经营的得与失，分析实际与计划的偏差并及时纠正，这无疑是对学生能力最好的训练和检验。

1.2.3.4 加强团队协作，帮助学生养成良好的工作习惯

在 ERP 沙盘模拟中，从岗位分工、职位定义、沟通协作、工作流程到绩效考核，每个团队都会经历从初期组建、短暂磨合，到逐渐形成团队默契，再到完全进入协作状态的过程。在这个过程中，各自为战导致的效率低下、无效沟通引起的争论不休、职责不清产生的秩序混乱等情况，会使学生深刻地理解“局部最优不等于总体最优”的道理。学会换位思考，明确只有在组织全体成员有着共同愿景、朝着共同的绩效目标奋斗、遵守相应的工作规范、彼此信任和支持的氛围下，企业才能获得成功。“细节决定成败，习惯成就未来”，ERP 沙盘模拟实训让学生在模拟经营中认识团队的实质，体会沟通的意义，实地学习如何在立场不同的各部门间沟通协调，树立全局意识，努力培养不同部门人员的共同价值观与经营理念以及勇于负责的责任感。这些都必将对他们将来走上工作岗位产生深远的影响。

1.2.3.5 利于视野拓展，促使学生做好人生规划

在课程结束的时候，教师要求学生针对经营的各个企业在最终所有者权益的基础上，综合考虑厂房、生产线等硬件条件，以及市场开拓、产品研发、ISO 认证等诸多软环境，得出企业的最终经营业绩。学生从这些指标可以看到最终的经营成果，从而更重视企业的综合发展潜力，即企业的可持续发展能力，这恰好与现实中企业的考核不谋而合。这样做使学生能把眼光放得更长远，充分地着眼于企业的未来发展，而不仅仅局限于眼前或某一年现金的多少、权益的多少等一时的输赢。这些对于学生做好自身规划，树立正确的人生观和价值观都能起到积极作用。

1.2.4 课程局限性

ERP 沙盘模拟虽然对实践教学有积极作用，但在模拟比赛中也存在着各种不足，与企业的真实情况有一些差别：

（1）在整个模拟实训过程中没有涉及人员的招聘，如生产车间如何安排工人生产，生产哪种商品，研发的技术人员安排，采购销售人员的指派问题以及工资的分发比例设置。

（2）在模拟实训中正常线上生产的所有产品都是合格的，不存在次品，机器工作效率为 100%，不涉及维修及维护状态。销售出去的商品都符合客户要求，不涉及退货，不涉及产品的售后服务等各种费用支付。这与真实的企业经营情况不相符。

（3）市场上销售的同类产品不存在差异性，完全不能反映产品之间的质量问题、售后服务、品牌效应、技术差别以及顾客的偏好问题。在模拟实训中更多地注重规模效应，可供选择的只能是销售收入领先战略。

（4）市场地位的确定以产品广告的投入为依据，没有考虑到产品的定位和定价策略问题，也没有涉及销售渠道的有效性以及促销手段的差异性。

（5）财务计算与现实有出入。其一，在比赛中所有的应收账款都可以拿来贴现，而实际上只有应收票据可以，一般的应收账款只可以出售给银行或者以此质押取得贷款，这种做法实际上增加了企业的营运资金，同时又没有考虑或有负债的影响。其二，所有的应收账款都没有提取坏账准备，所有的存货都没有计提跌价准备，这种做法使得企业的账面业绩跟真实业绩有一定的出入。其三，原材料采购是一次全部付现，没有商业信用的产生，没有应付账款和应付票据。这样就增加了企业对流动资金的要求，并实际上降低了企业的盈利水平。

1.3 ERP 沙盘模拟的教学组织

1.3.1 教学过程

1.3.1.1 设置情境角色

将受训学生分成若干个小组（最多不超过 12 组），分别模拟一家处于制造行业、规模相当、起点一致的相互竞争的企业（为简化起见，可将模拟企业依次命名为 A 组、B 组、C 组、D 组、E 组……）。每个小组由 5~7 名学生组成，分别

担任企业经营过程中需要的各个管理人员角色，一般包括 CEO、营销总监、运营总监、采购总监、财务总监等主要角色。当人数较多时，还可以适当增加财务助理、总经理助理以及商业间谍等辅助角色。在几年的经营过程中，学生可以进行角色互换，从而体验角色转换后考虑问题的出发点的相应变化，也就是学会换位思考。教师可以指定 2~3 位同学担任银行、原材料供应商、客户、设备提供商等裁判角色，负责贷款、原材料购买、产品交货、设备采购等事务的处理。教师则在对抗中担任市场和执法的角色，通过指导学生演练并根据学生在现场的实际操作情况，动态分析成败的原因和关键因素，帮助学生将操作过程中获得的感性体验升华为理性认识。

1.3.1.2　学习相关理论知识

在 ERP 沙盘模拟中，需要综合运用多门学科的理论知识，包括战略管理、营销管理、生产运作管理、财务管理、人力资源管理、信息情报管理等。在正式开始企业运营之前，教师需要引导学生对已学的相关专业理论知识和方法进行回顾，使其在 ERP 沙盘模拟经营过程中自觉运用相关理论知识来解决企业经营中的实际问题，真正做到学以致用，理论与实践相结合。

1.3.1.3　熟悉经营规则

ERP 沙盘模拟有一整套经营规则，包括：①市场划分与市场准入；②销售会议与订单争取；③厂房购买、出售与租赁；④生产线购买、转产与维修、出售；⑤产品生产；⑥产品研发与 ISO 认证；⑦融资贷款与贴现。这些规则是模拟企业进行日常经营的约束条件，是企业发展和市场竞争必须遵守的行为规范，所有受训学员必须在模拟运营开始之前认真学习规则，熟悉规则，并在实际经营过程中严格遵守规则。

1.3.1.4　起始状态设定

ERP 沙盘模拟企业的经营不是从创建之初开始的，而是接手一个已经经营了两年的企业，这是模拟企业的起点。通过该企业起始年年初的基本盘面以及财务报表，受训学生可以清楚地了解接手时企业的基本情况，为模拟企业接下来的经营做好准备。

1.3.1.5　起始年经营预演练

为了让受训学生熟悉 ERP 沙盘模拟的运营流程、经营规则，以及实物沙盘和电子沙盘的操作方法，教师需要带领学生进行为期一年的预演练。该年度被称为起始年。在起始年经营中，教师将统一制定模拟企业的年度规划，统一投放广告额度，各模拟公司获得相同的订单，受训学生也将严格按照企业运营流程表中的流程进行经营。在经营完成之后，要求各小组独立完成起始年的综合费用管理表、利润表和资产负债表的填列工作。教师针对学生在完成以上三个财务报表过程中遇到的问题进行指导，为学生开始正式经营做准备。

1.3.1.6　正式经营对抗演练

模拟企业正式经营是 ERP 沙盘模拟中最重要的部分，由学生自主完成，教师充当指导者和执法者的角色，指定同学充当裁判角色。正式经营按年度展开，每个经营年度又分为四个经营季度。ERP 沙盘模拟课程通常要求学生完成六年的企业经营，每个经营年度的经营流程依次是：市场信息搜集与分析—召开年度规划会议—广告投放与订单选取—制订企业年度计划（包括年度生产计划、原材料采购计划、产品研发计划、市场开拓计划、现金预算计划、筹资计划等）—进行年度经营—编制财务报表—年度经营总结。

1.3.1.7 学员总结与教师点评

学生在 ERP 沙盘模拟课程的学习中要想获得理想的学习效果，必须及时对经营过程中的经验和教训进行总结。每个经营年度完成以后，教师都要结合专业理论知识和每个模拟企业的实际情况，针对普遍存在的问题和典型案例进行解析，帮助学生深刻反思成在哪里、败在哪里、竞争对手情况如何、是否需要对企业战略进行调整。全部模拟经营结束后，要求学生完成企业经营成果总结和个人岗位职责履行情况总结，并形成总结演示文稿，在总结会上进行汇报，让参与学员相互分享成功经验和失败教训。

1.3.2 教学工具

1.3.2.1 实物沙盘

实物沙盘由各种用于 ERP 模拟的实物道具组成，每个模拟企业都配备一套实物沙盘道具，包括一张系统盘面、不同颜色的彩币（红、黄、蓝、绿）、现金币（灰）、空桶、产品标识、生产线标识、生产资格证书、市场准入证书、ISO 资格认证证书、订单等，如表 1-1 所示。

表 1-1 实物沙盘教具说明

序号	名称	说明
1	系统盘面	一张系统盘面表示一家企业，一般有 6~12 张，每张盘面分营销与规划中心、生产中心、物流中心、财务中心
2	彩币	分红、黄、蓝、绿四种颜色，表示原材料 R1、R2、R3、R4
3	现金币（灰）	用于表示金钱，一个币表示 100 万元，一桶 20 个，共 2 000 万元
4	空桶	用于盛装灰币或彩币，同时可表示原料订单、长短贷
5	产品标识	用于表示生产线是生产哪种产品——P1、P2、P3、P4
6	生产线标识	用于表示生产线——手工线、半自动线、自动线、柔性线
7	生产资格证书	表示可以生产拥有资格证的产品
8	市场准入证书	表示该企业可以在拥有准入证市场投广告，拿订单
9	ISO 资格认证证书	表示可以获取有 ISO 资格要求的订单，分 ISO9000、ISO14000 两种
10	订单	表示各企业从市场获得的订单，是销售依据

此外，市场预测、经营流程表、年度财务报表、重要经营规划等资料也会在模拟运营开始前发放给学生，以帮助学生在 ERP 沙盘模拟中更好地开展经营，并能更好地理解相关企业管理理论知识。

1.3.2.2 电子沙盘

ERP 电子沙盘是模拟企业经营活动的软件系统，是基于流程的互动经营模式的模拟经营平台。该系统与实物沙盘相结合，继承了 ERP 实物沙盘直观形象的特点，同时实现了选定、经营流程控制、财务报表核对、经营成果分析、融资以及交货等业务的自动化，将教师从选单、数据录入、现场监控、财务报表核对等事务性工作中解放出来，将重点放在对学生经营过程的指导和分析总结上。以用友"创业者"电子沙盘为例，其教学工具如表 1-2 所示。

表 1-2　"创业者"电子沙盘教具说明

序号	名称	说明
1	市场预测	各组市场预测——支持 6~18 组
2	经营流程表	训练时学生用表（任务清单及记录）
3	会计报表	各年度会计报表
4	应收贷款记录表	训练时记录应收和贷款情况用
5	重要经营规则	快速查询主要规则
6	Aports	查找、关闭占用 80 端口程序的工具
7	创业者安装说明	系统安装说明文件
8	后台管理（教师）操作说明	管理员（教师）操作手册
9	前台（学生）操作说明	学生操作手册
10	创业者软件安装操作演示	系统安装操作视频讲解
11	创业者教师端（后台）操作演示	管理员（教师）操作视频讲解
12	创业者学生端（前台）操作演示	学生端（前台）操作视频讲解
13	安装主程序	需要和加密狗匹配使用

2 ERP 与企业经营管理

2.1 ERP 的工作流程与功能模块

2.1.1 ERP 的发展历程

在前一章中，我们对 ERP 的含义有了初步的认识，ERP（企业资源计划）是一种管理理念，是建立在信息技术的基础上，用系统化的管理思想为企业决策层及员工提供决策运行手段的管理平台。ERP 的理论发展历程大致经历了以下几个阶段：

（1）20 世纪 40 年代：为解决库存控制问题，人们提出了订货点法，当时计算机还没有出现。

（2）20 世纪 60 年代：随着计算机系统的发展，短时间内对大量数据的复杂运算成为可能，人们为解决订货点法的缺陷，提出了 MRP（material requirement planning，即物料需求计划）理论。

（3）20 世纪 70 年代：随着人们认识的加深及计算机系统的进一步普及，MRP 的理论范畴也得到了发展。为解决采购、库存、生产、销售的管理问题，人们发展了生产能力需求计划、车间作业计划以及采购作业计划。

（4）20 世纪 80 年代：随着计算机网络技术的发展，企业内部信息得到充分共享，MRP 的各子系统也得到了统一，形成了一个集采购、库存、生产、销售、财务等于一体的子系统，发展了 MRP Ⅱ 理论。

（5）20 世纪 90 年代：20 世纪 80 年代 MRP Ⅱ 主要是面向企业内部资源全面计划管理，而到了 20 世纪 90 年代开始转变为如何有效利用和管理整体资源的管理思想，ERP 理论也就随之产生了。

2.1.2 ERP 的工作流程

ERP 并非高深莫测，它可能就发生在我们身边。下面通过一个家庭请客吃饭的例子①（如图 2-1 至图 2-6② 所示），来帮助我们理解 ERP 的功能作用及其工作流程。

2.1.2.1 丈夫请客吃饭（签订合同订单）

一天中午，丈夫在外给家里打电话：“亲爱的老婆，晚上我想带几个同事回

① 孙金凤. ERP 沙盘模拟演练教程［M］. 2 版. 北京：清华大学出版社，2014：24-26.

② 漫画来自企业学习材料中的插图，原创作者为王奎碗。

家吃饭可以吗?”(订货意向)

妻子:“当然可以。来几个人?几点来?想吃什么菜?”(了解客户需求)

丈夫:“6个人,我们7点左右回来,准备些酒、烤鸭、番茄炒蛋、凉菜、蛋花汤……你看可以吗?”(商务沟通,发出订单)

妻子:“没问题,我会准备好的。”(订单确认)

图2-1 ERP实例解析(a)

2.1.2.2 安排晚饭计划(ERP中的计划层次)

1. 确定菜谱(ERP中的MPS主生产计划)

妻子记录下需要做的菜(MPS计划/主生产计划),具体要准备的东西:鸭、酒、番茄、鸡蛋、调料……(BOM物料清单见图2-3所示)

图2-2 ERP实例解析(b)

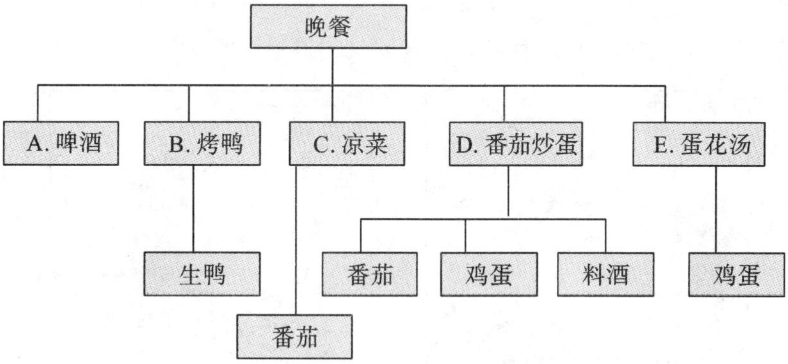

图 2-3　ERP 中的 BOM 物料清单

2. 确定原料采购种类与数量（ERP 中的 MRP 物料需求计划）

发现晚餐需要：1 只鸭，5 瓶酒，4 个番茄（BOM 展开），炒蛋需要 6 个鸡蛋，蛋花汤需要 4 个鸡蛋（共用物料）。打开冰箱一看（库房存货检验），只剩下 2 个鸡蛋（缺料），由此得出所需要购买菜的净需求量，或制订采购计划。

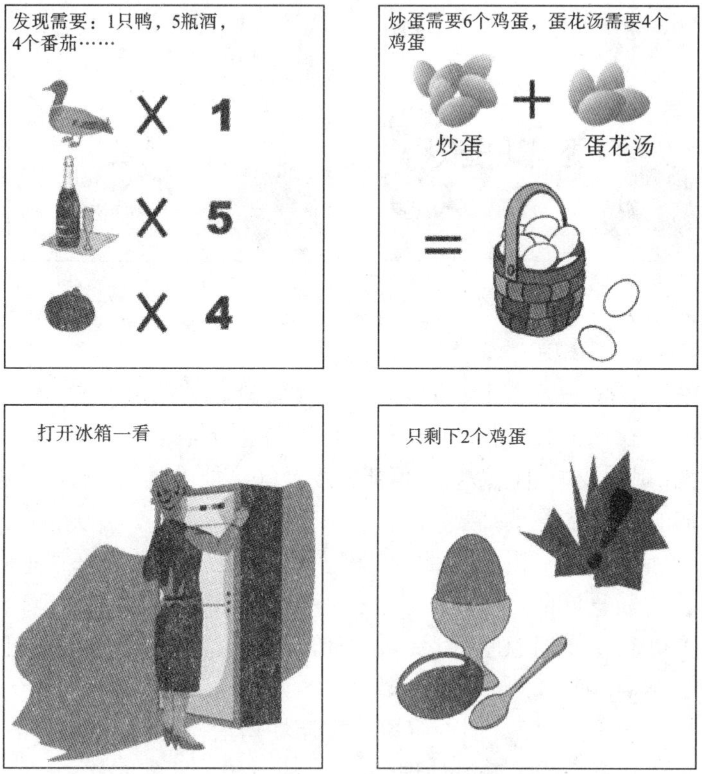

图 2-4　ERP 实例解析（c）

2.1.2.3　买菜（ERP 中的采购与库存管理）

妻子来到自由市场买菜。

妻子："请问鸡蛋怎么卖？"（采购询价）

小贩："1 个 1 元，半打 5 元，一打 9.5 元。"（报价）

妻子：“我只需要 8 个，但这次买一打。”（经济批量采购）

妻子：“这有 1 个坏的，换 1 个。”（验收，退料，换料）

图 2-5　ERP 实例解析（d）

2.1.2.4　做饭（ERP 中的生产管理）

回到家中，准备洗菜、切菜、炒菜……（安排工艺线路）厨房中有燃气灶、微波炉、电饭煲……（工作中心）妻子发现拔鸭毛最费时间（确定瓶颈工序，关键工艺路线），用微波炉自己做烤鸭可能来不及（产能不足），于是决定在楼下的餐厅里买现成的（产品委外加工）。

16:00，电话铃又响，儿子电话：“妈妈，晚上几个同学想来家里吃饭，你帮忙准备一下。”（紧急订单）

妈妈：“好的，你们想吃什么？爸爸晚上也有客人，你愿意和他们一起吃吗？”（了解客户需求）

儿子：“菜你看着办吧，但一定要有番茄炒鸡蛋，我们不和大人一起吃，下午 6 点半左右回来。”（拒绝并单处理）

妈妈：“好的，肯定让你们满意。”（订单确认）

鸡蛋又不够了，打电话叫小贩送来。（紧急采购）

18:30，一切准备就绪，可烤鸭还没送来，急忙打电话询问：“我是李太太，怎么订的烤鸭还不送来？”（采购委外单跟催）

“不好意思，送货的人已经走了，可能是堵车吧，马上就会到的。”

门铃响了。“李太太，这是您要的烤鸭。请在单上签个字。”（验收、入库、转应付账款）

18：45，女儿的电话：“妈妈，我想现在带几个朋友回家吃饭可以吗?”（又是紧急订购意向，要求现货）

妈妈：“不行呀，女儿，今天妈妈已经需要准备两桌饭了，时间实在是来不及，真的非常抱歉，下次早点说，一定给你们准备好。”（这就是 ERP 的使用局限，要有稳定的外部环境，要有一个起码的提前期）

图 2-6　ERP 实例解析（e）

2.1.2.5　算账（ERP 中的财务系统）

送走了所有客人，疲惫的妻子坐在沙发上对丈夫说："亲爱的，现在咱们家请客的频率非常高，应该要买些厨房用品了（设备采购，增加产能），最好能再雇个小保姆（人力资源系统接口）。"

丈夫："家里你做主，需要什么你就去办吧。"（通过审核）

妻子："还有，最近家里花销太大，用你的私房钱来补贴一下，好吗?"（资金预算，应收货款的催要）

接着，妻子拿着计算器，准确地算出了今天的各项费用（成本核算）254 元和节余原材料（车间退料），并计入了日记账（总账），把结果念给丈夫听（给领导报表）。

丈夫："值得，花了 254 元，请了好几个朋友，感情储蓄账户增加了若干（经济效益分析）。今后这样的感情投资晚宴还会经常举办……可以考虑，你就全权处理吧！"（预测公司未来发展）

通过以上实例，我们可以清楚地看到，ERP 的核心就是解决企业三大计划（销售计划、采购计划、生产计划）的平衡。如图 2-7 所示，ERP 的核心就是解决企业三大计划——销售计划、采购计划、生产计划的平衡，使企业的生产、采购、销售能够利用内部信息链达到不多、不少、不迟、不早的平衡状态，每一件产品都以订单需求量来安排采购和生产，从而实现产供销平衡。

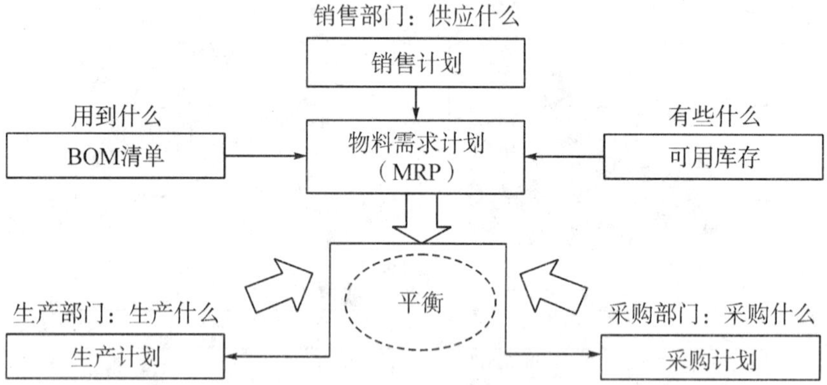

图 2-7　ERP 的核心逻辑结构

2.1.3　ERP 系统的功能模块

ERP 系统将企业所有资源进行整合集成管理，也就是将企业的三大流（物流、资金流、信息流）进行全面一体化管理的管理信息系统。它的功能模块不同于以往的 MRP 或 MRP Ⅱ 的模块，它不仅可用于生产企业的管理，而且在许多其他类型的企业如一些非生产、公益事业的企业也可导入 ERP 系统进行资源计划和管理。

在企业中，一般的管理主要包括三方面的内容：生产控制（计划、制造）、物流管理（分销、采购、库存管理）和财务管理（会计核算、财务管理）。这三大系统本身就是集成体，它们互相之间有相应的接口，能够很好地整合在一起来对企业进行管理，如图 2-8 所示。

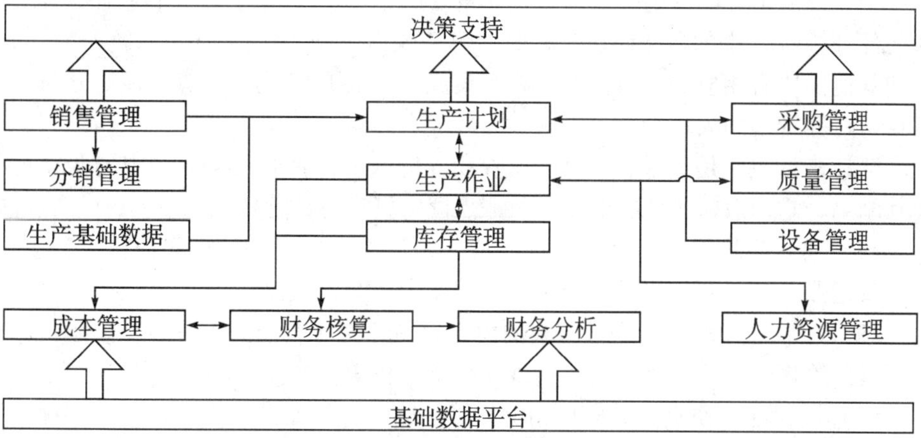

图 2-8　ERP 系统主要功能模块

2.1.3.1　生产控制管理模块

这一部分是 ERP 系统的核心所在，它将企业的整个生产过程有机地结合在一起，使得企业能够有效地降低库存，提高效率。同时各个原本分散的生产流程的自动连接，也使得生产流程能够前后连贯，而不会出现生产脱节，耽误生产交货时间。

生产控制管理是一个以计划为导向的先进的生产管理方法。首先，企业确定一个总生产计划，再经过系统层层细分后，下达到各部门去执行，即生产部门依此生产，采购部门按此采购等。

生产制造系统是制造业企业生产经营管理的主体，也是 ERP 系统的精髓。ERP 系统是在制造资源计划管理系统的基础上发展起来的。合理配置企业内外部供应、需求和已经拥有的各种资源，制订切实可行的生产计划，并把各种计划的执行情况实时地反馈给计划管理部门，形成闭环的生产计划与控制系统，以保证各生产部门、工序间的衔接及企业整体计划的完成，使企业资源配置达到最优化，以较少的投入获得更大的产出。生产制造系统使生产管理层次和工作流程大大简化，提高了企业对市场的快速应变能力。

2.1.3.2　物流管理模块

物流管理模块包括采购管理、销售管理、库存管理、运输管理等模块，主要提供了采购、库存、销售业务的全面的、综合的管理，可以帮助企业优化供应链，减少库存积压，缩短交货周期，提高资金周转率。其中采购管理以请购单和采购单为核心，透过与库存管理系统、应付管理系统的连接，达到对采购业务流程的完整控制，从源头提升整个供应链的价值。采购系统从三个方面（物料需求计划、物料订货点计划、零星的采购申请）严格控制物料的库存，避免物料积压或短缺；有效地管理供应商报价及供货信息，并对供应商进行全面的管理和评审；实施合理的采购计划并进行严格的审批，支持冻结、取消或终止采购单，以控制远程交易。

2.1.3.3 财务管理模块

企业中清晰分明的财务管理是极其重要的，在 ERP 整个方案中它是不可或缺的一部分。ERP 中的财务模块与一般的财务软件不同，作为 ERP 系统的一部分，它和其他模块有相应的接口，能够相互集成，一般 ERP 的财务管理模块分为会计核算与财务管理两大块。

会计核算主要是记录、核算、反映和分析资金在企业经济活动中的变动过程及其结果，它由总账、应收账、应付账、固定资产等部分构成。

（1）总账模块是整个会计核算的核心，负责处理记录记账凭证输入、登记，输出日记账，一般明细账及总分类账，编制主要会计报表。

（2）应收账模块是指企业应收的由于商品赊欠而产生的正常客户欠账款。它包括发票管理、客户管理、付款管理、账龄分析等功能。

（3）应付账模块是企业应付购货款等账，它包括发票管理、供应商管理、支票管理、账龄分析等。

（4）现金管理模块，它主要是对现金流入流出的控制以及零用现金及银行存款的核算。

（5）固定资产核算模块，主要来完成对固定资产的增减变动以及折旧有关费用计提和分配的核算工作。

（6）多币制模块是为了适应当今企业的国际化经营对外币业务的结算要求而产生的。该模块将企业整个财务系统的各项功能以各种币制来表示和结算，且客户订单、库存管理及采购管理等也能使用多币制进行交易管理。

（7）工资核算模块，即自动进行企业员工的工资结算、分配、核算以及各项相关经费的计提。

（8）成本模块，即依据产品结构、工作中心、工序、采购等信息进行产品的各种成本的计算，以便进行成本分析和规划。

财务管理主要是基于会计核算的数据，对其加以分析，并进行相应的预测、管理和控制活动。它侧重于财务计划、控制、分析和预测。

（1）财务计划是根据前期财务分析做出下期的财务计划、预算等。

（2）财务分析，即提供查询功能和通过用户定义的差异数据的图形显示进行财务绩效评估、账户分析等。

（3）财务决策是财务管理的核心部分，中心内容是做出有关资金的决策，包括资金筹集、投放及资金管理。

2.2 ERP 对企业经营管理的影响

ERP 通过对企业拥有的制造资源（如人、财、物、信息、时间、空间等）进行综合平衡和优化管理，并协调企业生产经营各个环节，以市场为导向开展企业的各项业务活动，全方位地提高企业市场竞争力，从而取得较好的经济效益。具体而言，ERP 的应用给企业经营管理主要带来以下价值：

1. 在生产管理方面，ERP 系统提供了生产能力平衡的依据

任何企业的生产能力都是有限的。在企业安排生产计划时，由于加工任务分布不均，加工负荷往往集中落在某些设备上，使这些设备的加工能力满足不了生产计划的需求而处于超负荷状态，成为生产的“瓶颈”。这种瓶颈现象的出现必然影响生产进度和生产计划的实现。ERP 系统提供的能力需求计划编制模块，对生产计划进行能力测算，将生产计划涉及的各工作中心承担的生产负荷按时间段叠加起来，与该工作中心在该时间段所能提供的能力（设备能力或人工能力）进行对比分析，判断该工作中心为完成生产计划生产能力超/欠的情况，并利用图表显示负荷与能力对比情况，为计划和调度人员提供进行能力平衡的依据。

2. 在供应链管理方面，ERP 系统促进了企业供应链的集成

ERP 系统支持供应链管理，通过计算机和网络系统将核心企业与上下游合作伙伴企业的业务连接在一起。一方面，若核心企业为生产制造商，则其下游企业（分销商、代理商、批发商、零售商以及最终客户等）将为其带来销售市场和客户需求的信息，并以此作为核心企业生产和经营的依据。另一方面，核心企业为了满足客户的订单，在进行生产时需要外购原材料、辅料、零部件等，核心企业将这些物料需求计划信息传递给上游供应市场的合作伙伴（企业的供应商），并接收供应商的供货，从而形成供应链系统的集成。

3. 在库存管理方面，ERP 系统实现了库存信息的动态化管理

一方面，ERP 系统彻底改变了以往以手工方式记录库存台账的状态，建立了包括原材料、辅料、零部件、产品、半成品等企业所有物料电子化的库存台账，为管理人员提供了快速而准确的库存查询功能。企业管理人员可以随时查询到最新的库存动态数据，充分挖掘企业库存的潜力，减少重复投产和采购，使库存物料得到充分利用。另一方面，ERP 系统提供了多种库存分析功能，使企业的库存信息更加及时和动态化，库存状态更加透明化。例如，ERP 系统中的高低储存报警在库存超过最高控制水平或低于安全库存水平时都可以发出预警信号，提醒管理人员进行处理，将库存维持在一个合理的水平；又如库存的积压和有效期分析可以监督库存物资是否超过保存的有效期，通知库存管理人员及时进行处理以免造成库存物资的损失。

4. 在财务管理方面，ERP 系统对资金进行了有效的监控

ERP 系统对企业的物流和资金流进行了有效的集成控制，使物流的每一个活动都能及时地反映为资金的变化。例如，采购部门从供应商处购买的物料到货以后，ERP 系统会自动生成应付账款信息，并与财务总账相关联；销售部门将产品卖给客户以后，ERP 系统就会根据发票信息自动生成相应的应收账款信息，并与财务总账相关联。同样，固定资产、库存动态、员工薪酬、生产成本等的变化也都能及时反映在财务总账中，便于监督各部门资金的使用情况，并在超限额花费时给予警示。

此外，ERP 系统还设置了完善的成本核算和成本分析功能，针对不同的生产类型提供了不同的成本要素设置和核算的方法。ERP 系统可随时采集和记录企业生产的每种产品在制造过程中发生的各种制造费用（材料费、人工费、其他制造

费用），并计算出各种产品（或半成品）的实际成本。ERP 系统还可以将实际成本与标准成本、同期成本、计划成本等进行对比分析，找出本期实际成本变动的原因，以便进行有效控制。

5. 在组织管理方面，ERP 系统的实施是对企业管理模式的创新

ERP 系统是对企业原有管理模式和业务流程的一次改造和创新，在 ERP 系统实施的过程中，必须以 ERP 提供的流程为模板，对企业基于传统手工管理的现有业务流程进行重组，对现行的组织机构以及职能的设置进行必要的调整，重新制定与 ERP 新管理模式相适应的管理规章制度、绩效考核制度和激励机制，全面整顿和补充各项管理基础数据，如各项定额、期量标准等，为 ERP 系统的成功运行打下良好的基础。

第二篇　基础篇

3　企业战略管理方法

企业的战略对企业的长足发展起到非常重要的作用，PEST 宏观环境分析、SWOT 分析、波特五力模型等理论与方法都有助于企业战略的制定。在 ERP 沙盘模拟实训中，学生应根据已有资料对模拟企业进行战略环境分析，在此基础上确定企业未来的经营方式。

3.1　PEST 宏观环境分析方法

对企业战略的制定起到基础性作用的就是企业的外部环境分析。外部环境不仅可以改变企业生存和发展的条件，而且会对企业的发展产生直接的影响。经典的企业外部宏观环境分析是识别和评价影响企业发展的政治法律、经济、社会和技术因素，即所谓的 PEST 分析法。在 ERP 沙盘模拟实训中，学生应着重分析模拟企业面对的国际国内外部环境。

3.1.1　政治-法律因素

政治-法律因素是指对企业经营活动具有现实与潜在作用和影响的政治力量，以及政府部门为对企业经营活动加以调控或限制而制定的法律、法规和制度等。一般而言，政治与法律因素涉及社会制度、政治结构、政府的政策和倾向、政治团体和政治形势、国家或相关执法单位制定的法律规定等。比如美国 1979 年航空业产业管制的解除引发了航空业激烈的价格战。而在中国，由于政府对采购 LED 节能灯的提倡，新飞、吉利等公司获得了较好发展。新能源汽车也因政府补贴和税务减免等而获得了扶持和发展。再比如政府的税收政策会影响企业的财务结构，国家确定的重点行业政策也促使企业积极地加入该行业。即使在市场经济较为发达的国家，政治与法律因素也会影响企业的发展，比如最低工资限制、劳动保护、社会福利、反托拉斯法等。在 ERP 沙盘模拟实训中，模拟企业所面对的政治-法律环境因素较少，政治环境相对稳定。

3.1.2　经济因素

宏观经济力量不仅影响国家整体经济的发展，也会影响企业和产业获得足够回报率的能力。经济因素主要包括经济发展速度、人均国内生产总值、消费水平和趋势、金融状况、经济运行状况、关税相关措施、国际支付方式等，其中经济增长率、货币汇率、利率以及通货膨胀率这四个因素尤其重要。在分析经济因素时，首先要考虑宏观经济的总体状况，从该国经济的总量水平、经济增长速度、经济发展平稳状况等方面着手进行分析。经济总量比较大（相对于其人口数量而言），发展速度比较快，经济波动比较小，则宏观经济的总体状况比较好，这时市场扩大，需求增加，企业发展机会增多；反之，当宏观经济处于低速发展或停滞甚至倒退时，则市场需求增长减小，企业发展机会也减少。

利率水平不仅能决定企业的成本，也能决定企业产品的需求量，比如房地产和汽车行业，利率降低会促进其销售额的提升。利率越低，企业的资本成本也就越低，企业将获得更多的投资，但也必须考虑市场的持久需求，否则投资难以收回。

货币汇率反映了不同国家货币之间的价值，其变动影响企业产品在全球市场上的竞争。比如美元贬值，在美国生产的产品将变得更便宜，从而减少了国外竞争者的威胁。

高通货膨胀对企业来讲是一个威胁，物价上涨导致经济增长放缓，企业无法预测未来，不确定性提高。而通货紧缩将影响负债率较高的公司，其现金流的运行将受到很大的影响。

宏观经济因素将影响企业的投资决策、销售决策以及人力资源决策等，企业在制定战略目标和进行战略选择时必须综合考虑影响企业发展的各类宏观经济因素。在 ERP 沙盘模拟实训中，模拟企业所面对的经济环境相对稳定，金融环境较为理想，人均消费水平逐步提高，行业将迅速发展。

3.1.3 社会因素

社会因素包括社会文化、社会习俗、社会道德观念、社会公众的价值观、人们对待工作的态度以及人口特征等。核心是消费者需求偏好的变化分析与预测。变化中的社会因素影响社会对企业产品或劳务的需求，也能改变企业的战略选择。

人们的价值观、思想、态度、社会行为强烈地影响人们的购买决策、相关政策和企业条规的制定以及管理方式的变革。比如，近几年，人们对健康和生活方式的重新认识导致企业不得不考虑相应的工作安排和休假制度以及各类保险事宜。许多国际企业进入中国市场后推行“本土化”策略也是基于文化和价值观的考虑，比如肯德基推出的中国传统蛋花汤和榨菜肉丝汤等。

社会环境中需要考虑的一个特殊因素就是人口统计特征，它包括人口总数量及分布、年龄结构、民族构成、宗教信仰、家庭寿命周期、家庭规模、受教育程度、职业构成、收入水平等。针对我国人口老龄化问题，政府制定了相应的二胎政策，试图解决未来劳动力和消费力不足的问题，而一些企业则看到了市场机会，产生了各类老龄服务机构并推出了相应的服务产品。在 ERP 沙盘模拟实训中，模拟企业面临着人们生活水平逐步提高，对高质量和高技术的产品有新的需求的状况。

3.1.4 技术因素

企业所处环境中的科技要素以及与该要素相关的各种现象都是影响企业发展的科学技术力量。其主要包括引起时代革命性变革的发明创造以及新技术、新工艺、新材料等，同时还涉及国家的科技体制、科技水平和科技发展趋势等。技术变化既具有创造性也具有破坏性，它给企业带来机会，也给企业带来挑战，甚至破坏，它还能影响产业进入壁垒的高度，从而从根本上重塑产业结构。比如，因特网降低了新闻产业的进入壁垒，为了获取更多的广告，一些新闻发行商必须依托因特网获得新的发展。

新技术的出现使企业可以开辟新的市场，获得垄断的利润，同时新工艺、新材料、新技术的出现，使相关企业的成本也大大降低。

技术的进步必定会对一些产业和企业构成威胁，比如塑料行业对钢铁行业的威胁，许多钢铁产品可以用塑料产品替代。竞争对手的技术提高了，势必使企业的竞争力削弱，甚至最终退出该行业。

因此，技术革命是一个永恒的话题。企业必须认真分析自身的技术水平、行业的技术水平，认清竞争对手的技术水平，从而制定出适宜的发展战略。在 ERP 沙盘模拟实训中，模拟企业应逐步提高企业的技术水平以逐渐适应市场的需求。

3.2 SWOT 分析法

SWOT 分析方法是企业在自身内外环境分析的基础上提出企业的优势、劣势、机会和威胁，并在此基础上制定企业的发展战略。SWOT 四个英文字母分别代表：优势（strengths）、劣势（weaknesses）、机会（opportunities）、威胁（threats）。其中 S 和 W 为内部因素，O 和 T 为外部因素。

3.2.1 SWOT 内容

首先是优势（S），它是指能够为企业带来竞争力的各个方面。企业在审视了自己的内部环境，分析了各种无形和有形资源之后，从企业的文化、技术、管理能力、专利、地理位置、品牌、形象、人力资源等方面去思考自己所擅长的方面，找出优势条件，从而寻求到超越竞争对手的能力。在沙盘模拟实训中，模拟企业是一家制造企业，具备生产制造方面的优势，生产状态良好，其一直关注某行业 P 系列产品（P1、P2、P3、P4）的生产与经营，有 P1 产品的生产经验，P1 产品在本地市场知名度很高，客户也很满意。

其次是劣势（W），企业在对各种资源条件进行分析之后，找出自身不具备或不擅长的方面，这些就是企业的劣势。模拟企业还不具备 P2、P3、P4 产品的生产条件和市场条件，无论是技术、生产条件还是市场开发都存在劣势。

再次是机会（O），外部环境的变化为企业带来新的发展，吸引企业走向新的领域和新的发展方向，这些便是企业的机会。根据自身的条件，企业审视各种政策规定，新技术、新产业、新市场的出现等都将给企业带来新的发展机会。在ERP沙盘模拟实训中，模拟企业面临着新的市场机会和技术机会，除了本地市场，还可以在区域、国内和国际寻求新的机会。

最后是威胁（T），外部环境能为企业带来机会，也能为其带来各种挑战和威胁。比如，竞争对手的壮大、经济的衰退、消费水平的降低、政策的限制、整个行业的衰退等，这些不利条件将影响企业的竞争能力。

SWOT分析的具体内容如表3-1所示：

表3-1　SWOT分析要素①

内部环境因素		外部环境因素	
潜在内部优势（S）	潜在内部劣势（W）	潜在外部机会（O）	潜在外部威胁（T）
产权、竞争、成本优势	竞争劣势	纵向一体化	市场增长较慢
特殊能力	设备老化	市场增长迅速	竞争压力增大
产品创新	产品线太窄	可以增加互补产品	不利的政府政策
规模经济性	技术开发水平滞后	能争取到新的用户群	新的竞争者进入行业
良好的财务资源	营销水平低于竞争者	进入新市场的可能	替代产品销售额上升
高素质的管理人员	管理不善	有能力进入更好的企业集团	用户讨价还价能力增强
公认的行业领先者	不明原因的利润率下降	扩展产品线满足用户需求	用户需要与爱好转变
买方的良好印象	资金拮据		通货膨胀递增
适应力强的经营战略	成本过高		

3.2.2 SWOT分析的基本思路

在对企业进行SWOT分析时，需要考虑以下一些步骤：

（1）进行内部环境分析，列出企业目前具有的优势和劣势。

（2）进行外部环境分析，列出企业目前具有的机会和威胁。

（3）进行配对组合分析，绘制SWOT矩阵，形成依托环境的战略设想，即将企业的优势和劣势与环境中的机会和威胁进行配对分析，即SO、WO、ST、WT四种匹配，最终形成基于内外环境分析的战略设想。

（4）对SO、WO、ST、WT四种战略进行评价，确定企业目前应该选择的战略和策略。

① 刘平. 企业战略管理：规划理论、流程、方法与实践［M］. 北京：清华大学出版社，2010：159.

第一种，SO 战略（优势-机会组合）。这是一种比较理想的模式，企业应该发挥优势，抓住机会。外界环境所提供的条件良好，且该条件又刚好能和企业自身的优势相结合，那么企业无疑只有抓住机会和发挥优势。比如利用政策的优惠，做好品牌的建设。再比如，当市场份额逐渐升高，而竞争对手又出现了财务危机时，企业可以考虑兼并竞争对手，以扩大生产规模。在 ERP 沙盘模拟实训中，企业可以将自身所具备的生产技术优势和在该行业长期运作的经验与外部存在的机会相结合，开发出新的产品和技术。

第二种，WO 战略（劣势-机会组合）。当外部环境中存在某种机会时，企业则试图通过抓住机会，改变自身的缺陷或不足，从而带来新的发展。如若不采取任何措施，企业也许会因为错失机会而失去一次发展的时机。比如当某种业务持续增长时，企业则可以抓紧时机，通过战略转型，比如购买新设备，引进新技术、新人才，并购企业等方法来弥补自身的不足，从而提升竞争地位。在 ERP 沙盘模拟实训中，模拟企业可以利用此次外部环境所存在的机会来改变自身的缺陷或不足，从而带来新的发展，若不进行新的尝试，将失去机会，P1 产品将无法满足市场新的需求，其市场占有率有可能会逐步降低，企业将随着 P1 产品的衰退而陷入困境。

第三种，ST 战略（优势-威胁组合）。该组合状况下，企业应利用自身优势来减轻或躲避外部环境中存在的威胁。比如当竞争对手因为新材料的应用而降低了生产成本，威胁了企业的竞争地位时，企业可以利用自身资金充足和人员开发能力强等优势，通过开发新技术、新产品以及提高原有产品质量等方式来减少威胁。

第四种，WT 战略（劣势-威胁组合）。这是企业最不愿意看到的情景，也是企业最应该避免的情景。当这种状况产生时，企业只有采用防御性战略。比如企业自身资金不足，产品也因多年未更新而市场份额逐年下降，企业则只有紧缩或放弃该项产品，并通过目标聚集或差异化战略寻求新的发展方向，使有限的资金发挥出最大的作用。

3.3 五力模型分析方法

1979 年美国著名管理学家迈克尔·波特（Michael Porter）提出了用于行业结构分析的五种力量模型，该模型对企业战略的制定产生着全球性的深远影响。构成行业基本结构的五大竞争力量分别是：供应商的讨价还价能力、购买者的讨价还价能力、潜在竞争者的进入能力、替代品的替代能力、行业内竞争者的现有竞争能力。正是这些力量的状况和综合程度影响和决定了企业在行业中的最终获利能力。在 ERP 沙盘模拟实训中，模拟企业可以利用五力模型（图 3-1）来分析 P 行业的竞争情况。

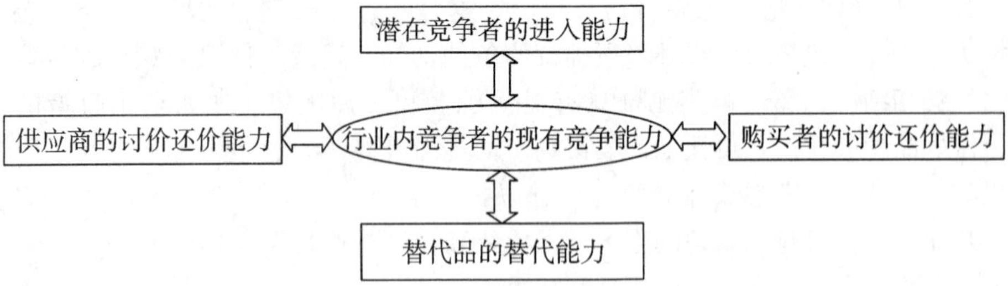

图 3-1　波特的五力模型

3.3.1　供应商的讨价还价能力

供应商的讨价还价能力是指为本行业，包括企业及其竞争对手提供各种投入品，如原材料、服务和劳动力的组织或个人的议价能力。供应商的议价能力较强时，供应商通过提高投入品的购买价格，或降低其质量而导致行业内企业的生产成本提高、利润下降，供应商从整个行业中分得更多利润；反之，供应商的议价能力较弱时，那么其所提供的投入品价格就会较低，并且有可能提高投入品的质量。供应商讨价还价能力的大小取决于其与需求方实力及条件的较量。一般来说，满足如下条件的供应商会具有比较强大的讨价还价力量：

（1）供应商所提供的投入品没有替代品，且集中度较高，购买者只有向其购买，以维持其正常的生产和经营。

（2）该行业内的企业并不是供应商的主要客户，其不购买供应商的投入品并不会对供应商的经营和利润造成较大的影响。

（3）供应商所提供的投入品差异性较强，购买者若放弃购买该供应商的产品，则转换成本较高。

（4）供应商向购买者提供的投入品将极大程度地影响企业的产品质量或生产过程，在生产中需要供应商提供技术支持。

（5）供应商依赖自身的投入品完全可以进入行业生产与购买商一样的产品而造成竞争压力。

（6）供应商可以与企业的竞争对手实现前向一体化。

在 ERP 沙盘模拟实训中，模拟企业的原材料供应市场比较稳定，价格也趋于稳定。

3.3.2　购买者的讨价还价能力

购买者主要通过其压价与要求提供较高的产品或服务质量的能力，来影响行业中现有企业的盈利能力。购买者可能是个人，即产品的终端用户，也可能是其他公司。购买者压低价格能力的高低影响企业的利润获得，具有较高讨价还价能力的购买者可以榨取企业的利润；相反，议价能力较低时，企业则可以提高产品价格或降低产品和服务的质量而获取较高利润。一般来说，满足如下条件的购买者可能具有较强的讨价还价力量：

（1）购买者的总数较少，而每个购买者的购买量较大，占了卖方销售量的很大比例。

（2）购买者可以向更多企业购买其需要的产品，即供应行业集中度不高，由很多规模较小的企业组成。

（3）购买者可以进入供应行业生产自己所需要的投入品，实现后向一体化。

（4）购买者可以通过较低的转换成本购买替代品。

（5）买方能够获得供应方较多的生产成本信息。

（6）购买者可以与企业的竞争对手实现后向一体化。

在 ERP 沙盘模拟实训中，模拟企业生产出来的产品都会被市场所接收，随着人们对新技术和新产品的需求的逐步出现，P1 产品将面临购买者较强的议价能力。若模拟企业今后开发出的新产品比较迎合消费者市场的需求，而竞争对手的竞争力还较弱时，购买者的议价能力则不高，企业新产品的销售单价可能会较高。

3.3.3 潜在竞争者的进入能力

行业的发展总会吸引更多的企业加入，这些潜在竞争者在给行业带来新的生产能力和生产资源时，会与现有企业产生原材料、市场、人才的竞争，加剧行业内的竞争，给行业内现有的企业带来竞争压力，不仅会分割现有企业的利润，甚至对现有企业的生存造成威胁。

潜在竞争者要想进入该行业就会付出一定的代价。如若代价和成本比较高，则进入壁垒较高；若代价和成本较低，则进入壁垒较低。重要的进入壁垒包括规模经济、产品差异化和品牌忠诚、资本需要、转换成本、销售渠道开拓、不受规模支配的成本优势、政府行为与政策、自然资源（如冶金业对矿产的拥有）、地理环境（如造船厂只能建在海滨城市）等方面，这其中有些障碍是很难借助复制或仿造的方式来突破的。

（1）规模经济。生产规模扩大将降低单位产品的成本。潜在竞争者要么以较小规模进入，但必须长期忍受成本过高的劣势，要么以比现有企业更大规模的方式进入，从而获得低成本产品，但相对较困难。同时潜在竞争者也应考虑到自己的加入可能会导致产品价格的下降，除非取代现有的企业，这在短时间内几乎不可能。潜在竞争者是否进入该行业也就不得不考虑规模经济的问题。事实上，不仅生产方面存在规模经济，企业的每项职能，如采购、研发、营销、服务网络、分销等都存在规模经济。

（2）产品差异化和品牌忠诚。该行业中原有企业因为各种原因，比如广告、服务、产品质量、历史等等，或仅仅因为先进入市场的种种活动而拥有一大批忠诚的顾客，并建立起了自己的品牌信誉。产品差异化形成的壁垒迫使潜在竞争者不得不思考如何争取更多的顾客，改变顾客的消费习惯，建立起自己在该行业中的信誉和品牌，无疑这将花去潜在竞争者较长的时间和资本，常常是以前期的亏损为代价的。

（3）资本需要。进入该行业之前潜在竞争者需准备大量的资金。生产设施、营销、研发、抵御风险、财务支出等都需要资金，尤其是一些对资本需求很大的行业，比如计算机、采矿业等，这些行业始终是很难进入的行业。

（4）转换成本。转换成本是指顾客放弃行业中现有企业的产品而转向购买新企业的产品所需要付出的时间、精力和金钱。顾客是否愿意购买新产品取决于新产品给他带来的价值与转换成本的比较。当这个比较较高时，顾客将愿意购买新产品；反之，顾客则不愿意购买新产品。潜在竞争者要想获得更多的顾客必须提供更高价值的产品。

（5）销售渠道开拓。现有企业已经与分销商建立起良好的销售合作关系，也即行业中正常的销售渠道已经为现有企业服务。潜在竞争者要想销售出产品，让分销商接受其产品，势必通过降低价格、分摊广告费用等办法让经销商接受自己的产品，其利润则将受到影响。

（6）不受规模支配的成本优势。现有企业的成本优势不仅仅是大规模导致的，还有很多其他因素，使潜在竞争者望尘莫及。这些因素包括专有的产品工艺、产供销关系、政府给予的优惠措施、具有学习或经验曲线、商业秘密、占据的有利位置等等。

（7）政府行为与政策。一些经济学家认为政府的法律法规限制是一种最直接的进入障碍。政府通过颁布某项规定而限制潜在竞争者进入该行业，这些行业多属于公共服务和基础设施之类，比如铁路的修建等。除此之外，政府也可以通过许可证和限制接近原材料等办法来阻碍新企业的进入。各种环境保护法也是一种阻碍手段。

（8）自然资源。行业内已有的企业已占有该行业发展所必须需要的自然资源，则潜在竞争者很难进入该行业。

（9）地理环境。潜在竞争者很难复制出相同或相似的地理环境。若该行业已有企业在这方面拥有较大的优势，则潜在竞争者很难融入该行业。

ERP 沙盘模拟实训中，模拟企业在初始阶段只有 P1 产品和本地市场，不会存在潜在竞争者。但在后续高技术产品的开发过程中，每个市场都可能存在着潜在进入者，所以企业在新产品的开发和新市场的开拓中要有所选择与侧重。

3.3.4 替代品的替代能力

市场上可能会出现取代行业中现有产品功能或价值的其他产品，这称之为替代品。替代品替代能力的高低将影响企业的竞争地位。随着技术与需求的变化，替代品的种类越来越多。企业的产品被替代的可能小，差异化大，消费者转换成本较高，则企业具有很强的竞争能力；反之，企业的市场份额则有可能会越来越小。这种源自替代品的竞争会以各种形式影响行业中现有企业的竞争战略。这种来自替代品生产者的竞争压力的强度，可以具体通过考察替代品销售增长率、替代品厂家生产能力与盈利扩张情况来加以描述。在 ERP 沙盘模拟实训中，模拟企业的 P1 产品是比较成熟的产品，目前销售比较乐观，市场份额较大，但随着新需求的出现，其仍有可能被其他产品所替代。

3.3.5 行业内竞争者的现有竞争能力

这是五种竞争力量中最强大的力量，通常情况下行业中的企业都会关注着竞争对手的各种战略和经营情况，比如对方的研发、产供销、广告、财务、服务等。一旦竞争对手因为某种时机觉得存在改善竞争地位的机会或感到竞争压力越来越大，其将会采取新的战略和措施，原有的竞争格局就会被打破。其竞争性行为通常表现为降价、提高质量、增加特色、提供服务、延长保修期、增加广告投入等，这些竞争性行为会对企业产生强大的影响，导致企业采取报复或相应的抵制行为。

当行业内存在着较多竞争者或大家的力量相当，行业的固定成本过高，行业内产品差异化不明显，整个行业增长缓慢、生产能力过剩、退出壁垒高，行业进入障碍较低时，竞争参与者范围广泛，市场趋于成熟，用户转换成本很低，竞争者企图采用降价等手段促销，行业现有竞争者之间的竞争与抗衡将会更激烈。

行业中的每个企业都受到这五种竞争力量的影响，企业在制定战略和经营方针时，特别是行业已经很成熟，从一个强势的行业变成一个弱势的行业时，必须审时度势，综合考虑这五大力量而使企业保持或增强竞争能力。

在 ERP 沙盘模拟实训中，实验时参与的模拟企业都属于行业内的竞争者。

3.4 波士顿矩阵

波士顿咨询集团（Boston Consulting Group）是世界著名的一流管理咨询公司，于20世纪六七十年代创立并推广了波士顿矩阵（见图3-2），用以确定企业哪项业务有前途、资源应该投向哪里，是评估公司投资组合的有效模式，其有利于多部门企业通过对企业不同战略业务单元相对市场份额地位和产业增长速度的考察而管理其业务组合。波士顿矩阵通过分析营销上的两个指标销售额和销售增长率来判断企业业务的经营状况。在 ERP 沙盘模拟实训中，模拟企业可以利用该矩阵，进行企业产品的战略规划，确定未来发展方向。

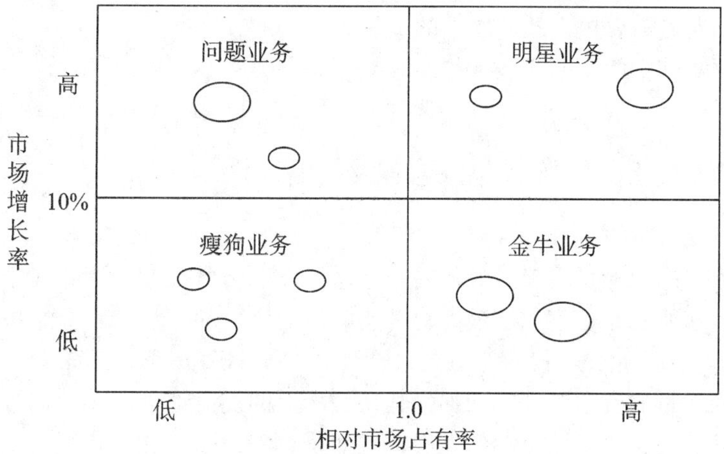

图3-2 波士顿矩阵

3.4.1 波士顿矩阵的基本参数

波士顿矩阵通过矩阵图的方式描述了企业各个战略业务单元的差异，矩阵的横轴（X轴）表示相对市场占有率，纵轴（Y轴）表示增长速度，即市场增长率。

1. X轴——相对市场占有率

多部门企业经营着多项业务和产品，波士顿矩阵的X轴就是表示其中某项业务或产品的相对市场占有率，也即该项业务或产品在其所在产业所拥有的市场份额与该产业最大的竞争对手拥有的市场份额的比值，其代表了企业该项业务的实力，计算方式如下：

相对市场占有率=企业某项业务本期销售额/最强竞争对手该业务本期销售额

相对市场占有率不是百分比，而是倍数，之所以用销售额这个指标，而不用市场占有率指标，是因为直接用市场占有率表示企业某项业务在同行业中的地位是不确切的。高度分散的行业和集中度较高的行业，同样的市场占有率数值却具有不同的意义，比如15%的市场占有率在高度分散的行业仍然是一个比较理想的数值。另外销售额指标容易获得，企业和竞争对手的销售额指标往往是现成的，而要获得利润、市场占有率等指标却较为困难。在ERP沙盘模拟实训中，模拟企业P1产品在本地市场的知名度较高，占有相对较高的市场份额。

2. Y轴——市场增长率

矩阵的Y轴表示的是市场增长率，代表的是企业该项业务的市场吸引力。企业应该统计和计算当期该业务或产品的总销售额，再与上期的总销售额进行比较，从而明确该项业务或产品是不是市场所需要的，吸引力有多大。如若持续增长，则产品深受市场欢迎，其未来发展值得投资，反之，则不然。市场增长率指标是百分比，计算方式如下：

$$\text{市场增长率（当期）}=\frac{\text{当期总销售额}-\text{上期总销售额}}{\text{上期总销售额}}\times 100\%$$

在ERP沙盘模拟实训中，P1产品面临新的市场需求挑战，其未来增长率不容乐观，消费者需要更高技术水平的产品。

波士顿矩阵中的圆圈代表一种业务或产品。圆圈面积表示各业务或产品销售额的大小。

3.4.2 波士顿矩阵各象限内容及战略选择

1. 第一象限明星业务（stars）

这个象限的业务是吸引力最强的业务，其高市场增长率和高相对市场份额决定了其在企业所有业务中地位最高，是能够长期增长和获利的业务，所以被称为“明星”业务。该业务不仅有很好的现金收入，而且发展前景非常好，但企业仍然需要投入大量的资金以维持和加强其在市场上的优势地位。企业的战略思考不是放弃和发展的问题，而是如何发展，比如是否考虑一体化、市场开发、渗透和合资经营等。在ERP沙盘模拟实训中，模拟企业需要寻求新的产品作为未来的明星产品，以求企业长远发展。

2. 第二象限问题业务（question marks）

位于第二象限的问题业务拥有高市场增长率和低相对市场占有率。处于该象限的业务具有高吸引力，但市场份额却相对较低，对企业的现金贡献不理想，但却需要大量的现金用于其今后的发展。之所以叫作“问题”业务，是因为企业必须选择到底是放弃该项业务还是加强发展，做此战略选择相对较难。

3. 第三象限瘦狗业务（dogs）

低增长率和低相对市场份额是“瘦狗”业务的特征，它们对于市场来说没有吸引力，而且在行业中毫无地位，企业往往是只维持其正常运转。企业面对的战略选择是继续维持还是放弃、转让、退出、剥离。在进行资产和成本剥离后，许多瘦狗业务也许会获得新的发展机会。当然在没有任何转机的情况下，企业的正常选择应该是收缩或放弃，若对其投资，则将是一个资金的“无底洞”。

4. 第四象限金牛业务（cash cows）

金牛业务处于市场增长率较低的行业，但企业的该项业务在整个行业中却具有较高的相对市场份额，所以它能为企业带来大量的现金，是企业资金的主要来源。因此企业能从金牛业务中获取大量的现金，其现金收入远超于对其的投入。一般来说，金牛业务是由公司的明星业务转化而来的，要保持该项业务在市场中的高份额，企业在制定战略时需要考虑更有效的管理和一些多元化办法，但如若其市场份额有下降趋势，并很严重时，企业就应考虑收缩战略了。在 ERP 沙盘模拟实训中，模拟企业的 P1 产品是企业的主要销售收入的来源，它能为企业带来大量的现金，企业可以利用自身已经具有的成熟的 P1 产品生产条件来获取大量现金，以支持未来新技术、新产品和新市场的开发。

4 企业生产管理方法

企业的生产管理是对企业生产活动的管理，它关系到企业是否能为市场提供合乎需求的产品，是否能保持和增强企业的竞争能力。本章主要涉及与 ERP 实训有关的生产管理内容。

4.1 生产与生产计划管理

4.1.1 生产管理理论

生产管理是对企业生产活动进行设计、组织、运行和控制的总称。企业的生产活动是在计划期内，投入生产过程中需要的各种要素，形成有机的生产体系，按照最经济的方式生产出满足市场需求的产品。生产运作管理以高效、低耗、适应市场变化、对环境无污染、按期交货为目的。

生产管理的内容主要包括：

（1）生产运作战略的制定。企业应该考虑生产什么、如何生产、生产要素来源、生产方式等。企业在制定生产战略时应该考虑企业的整体经营目标和企业的能力、市场需求等因素。综合考虑各种因素后确定企业生产运作的总体战略，是自制还是购买产品？在哪个阶段自制或购买？是小批量多品种生产，还是大批量少品种生产？产品的品种、质量、服务应该怎样？为市场提供的产品和服务应该是什么？如何设计？如何生产？原材料如何确定？

（2）生产运作系统的设计。它涉及选择什么生产技术、生产能力如何规划、工艺流程如何设计等。

（3）生产运作系统的运行决策。生产计划、作业计划、生产控制、物料采购、供应与库存管理都属于这部分内容。

（4）生产运作系统的评价与改进。它是指根据计划评价相关工作并进行改进和调整。具体而言，它涉及确定长期、中期、短期生产计划，进行市场预测，需求管理，编制生产和能力计划，库存和成本控制，人员调配，作业调度，质量保证等内容。

在 ERP 沙盘模拟实训中，模拟企业应根据战略目标来制定企业的生产战略，确定企业应该生产什么、生产方式如何，并做好详尽的生产管理计划，确定未来的生产任务以及生产能力的规划。

4.1.2 生产计划

企业通过生产计划确定生产什么、什么时候生产、在哪里生产和如何生产。企业通过生产计划可以实现对企业的生产能力和其他资源的合理和充分利用，保证企业按质、按量、按品种、按期地生产出产品。企业依据销售计划和生产能力制订出生产计划，使之成为物资供应计划、设备管理计划和生产作业计划等的依据。

4.1.2.1 生产计划体系

1. 战略层计划

战略层计划一般由企业的高层制订，内容广泛，计划期较长，属于长期计划，一般会对产品发展方向、生产发展规模、技术发展水平、资源获取、新生产设备的建造做相应的安排。

2. 战术层计划

战术层计划属于中期计划，由企业的中层制订，其主要任务是根据对市场需求的预测，对企业在计划年度内的生产任务做出统筹安排。

3. 作业层计划

作业层计划属于短期生产计划，计划内容比较详细，由企业的基层制订，会对产品的品种、生产数量、生产顺序、生产地点、生产时间以及物料库存控制方式等内容进行详尽的安排。

4.1.2.2 生产计划指标体系

1. 产品品种指标

在竞争环境中，增加新产品或增加产品品种数已成为企业开拓市场、增强竞争力的主要手段。企业的生产计划应该规定生产产品的品名、型号、规格和种类数，体现其在品种方面满足社会需要的程度。在ERP沙盘模拟实训中，模拟企业应该确定出在P行业的产品种类组合，是一直生产P1产品，还是进一步生产P2、P3、P4产品。

2. 产品质量指标

质量指标是指企业在计划期内产品质量应达到的水平，可以分为产品品级指标和生产过程工作质量指标，常用合格品率、废品率、返修率等指标来衡量。模拟企业产品质量的好坏决定其受市场欢迎的程度，企业应该考虑是否进行ISO9000和ISO14000建设。ISO9000的建设时间至少需要2年，ISO14000的建设时间至少需要3年。随着时间的推移，客户的质量意识将不断提高，后几年可能会对企业是否通过ISO9000认证和ISO14000认证有更多的要求。

3. 产量和产值指标

产量指标是指在计划期内企业应该生产的合格产品的实物数量，包括成品和半成品两种产量，反映了企业的生产规模和生产能力。产量指标是企业进行供销平衡、计算实际劳动生产率、产值、原材料消耗、成本和利润等指标的基础。

产值指标是使用货币表示的产量指标，能综合反映企业生产经营的成果，以便与不同行业比较，是计算劳动生产率、资金利用率和生产发展速度等许多重要指标的基础，由商品产值、总产值和净产值指标构成。商品产值是指企业在计划期内生产的可供销售的产品的价值，其价值大小将影响流动资金的周转。总产值是指企业在计划期内完成的以货币计算的工业生产总量。净产值是指总产值扣除外购物资消耗价值后的产值。在 ERP 沙盘模拟实训中，模拟企业根据生产能力和订单来确定产值指标。

4. 出产期

出产期是指企业产品按时生产出来的期限，保证按期交货而确定的产品的出产期限。在 ERP 沙盘模拟实训中，企业要严格地计算好产品的出产期以完成订单的要求。

4.1.3　生产能力

生产能力是指企业在一定的时期（年、季、月）内按照先进合理的生产技术条件所能生产一定种类产品的最大数量。生产计划的制订除了考虑市场需求外还要考虑企业的生产能力大小。如果生产能力满足不了任务要求，则可以扩大生产能力；相反，如果生产能力大于计划任务的要求，则可以控制生产能力，以免造成浪费。

4.1.3.1　生产能力分类

生产能力一般分为以下三种：

1. 设计能力

设计能力指企业在基本建设时，设计任务书和技术文件中所规定的生产能力。

2. 计划能力

计划能力指在计划期内，企业考虑各种因素和条件，比如生产条件和能够实现的各种措施后所能达到的生产能力。

3. 核定生产能力

核定生产能力是指原来的设计能力已不能反映实际情况，比如产品方向、固定资产、技术改造、劳动状况等发生了改变而使原有的生产能力已不能反映实际生产情况时，重新调查核定的生产能力。

在 ERP 沙盘模拟实训中，模拟企业目前拥有手工生产线三条，一条手工生产线的生产周期是 3Q（3 quarters），即 3 个季度。没有在建工程，如果要扩大生产能力或提高生产效率，企业是否应该考虑更新生产线。

4.1.3.2　生产能力影响因素

影响生产能力的因素主要有以下几个方面：

1. 生产中的设备数量和生产面积

生产设备直接影响生产能力的大小，这里的设备指用于生产的设备。如果设备处于运输、检修及停止生产的状态，就不能计入生产能力。生产面积是指直接用于生产的房屋面积和场地。

2. 生产中设备效率

生产效率也能影响生产能力的大小，生产中单位平方面积和单台设备在单位时间内的产量定额反映了设备的生产效率。生产效率越高，生产能力越大。

3. 劳动者科技水平和劳动技能的熟练程度

一般情况下，劳动者科技水平和劳动技能熟练程度越高，则生产能力越大。

4. 企业经营管理水平

企业的生产能力与企业经营管理水平密切相关，企业管理的目的就是要通过对各生产要素的综合利用而提高效率，产生好的效果，形成最大的生产能力。因此企业的经营管理水平对生产能力的影响是毋庸置疑的。

除以上要素外，企业的生产能力还和企业所能运用的物质资源的数量，包括原材料、能源，以及产品的品种、技术复杂程度、生产组织方式、固定资产工作时间等密切相关。

在 ERP 沙盘模拟实训中，模拟企业应该根据已有的生产能力、各生产线的效率和未来的产品生产规划来规划未来的生产能力。

4.1.3.3 生产能力的核算

生产能力核算的基本方法：

1. 机器设备生产能力的计算

计算公式为：$M=F\times S/t$ 或 $M=F\times S\times P$

式中，M：某设备组生产能力；

F：计划期单位设备的有效工作时间；

S：设备组内的设备数量；

t：制造单位产品所需设备的台时数；

P：单位设备单位时间产量定额。

2. 作业场地生产能力的计算

计算公式为：$M=F\times A/a\times t$

式中，M：某作业组生产能力（台或件）；

F：单位作业面积的有效利用时间总数（小时）；

A：作业面积数量（平方米）；

t：制造单位产品所需时间（小时）；

a：制造单位产品所需生产面积（平方米/台或件）。

生产单位（车间）能力的确定是按设备组的生产能力综合平衡后确定的，在计算时要考虑生产单位中的主要设备组，以它的能力组为本单位的生产能力。企业的生产能力的计算以各生产单位的生产能力为基础来确定，主要生产单位的生产能力为企业生产能力核算时主要考虑的对象。

4.2 MRP 物料需求计划方法

4.2.1 MRP 基本原理

物料需求计划（material requirement planning，MRP）是 20 世纪 60 年代发展起来的一种计划物料需求量和需求时间的计算机信息系统。MRP 是基于 1965 年国际商业机器公司（IBM）的约瑟夫·奥利佛博士将物料需求分为独立需求和相关需求的理论而发展起来的。

在运用MRP时应首先将物料需求分为独立需求和相关需求。独立需求是指对某项物料的需求与对其他物料的需求无关，例如对成品或维修件的需求就是独立需求，比如自行车、电视机等成品。对一项物料的需求与对其他物料项目或最终产品的需求有关，称为非独立需求，即相关需求，比如生产自行车的车轮、把手、钢丝等。

然后根据产品的出产计划倒推出相关物料的需求量和需求时间。在ERP沙盘模拟实训中，生产一个P1产品需要一个R1原料，生产一个P2产品需要一个R1和R2，生产一个P3产品需要两个R2和一个R3，生产一个P4产品需要一个R2、一个R3和两个R4。

最后根据物料的需求时间和生产（订货）周期来确定其开始生产（订货）的时间，将需要的物料按需要的数量和时间送到需要的地点。MRP的主要功能及运算依据见表4-1。

表4-1　　MRP的主要功能及运算依据

处理的问题	所需信息
生产什么？生产多少？	切实可行的主生产计划（MPS）
要用到什么？	准确的物料清单（BOM表）
已具备什么？	准确的物料库存数据
还缺什么？何时需要？	MRP的计算结果（生产作业计划和采购供应计划）

资料来源：马士华，崔南方，周水银，等．生产运作管理［M］．3版．北京：科学出版社，2015：154.

4.2.2　MRP主要输入信息

MRP主要输入信息包括主生产计划、物料清单和库存信息。

4.2.2.1　主生产计划（master production schedule，MPS）

主生产计划是MRP的主要输入信息，它是指每一具体的最终产品在每一具体时间内生产数量的计划。最终产品是企业最终出厂的产品，企业编写主生产计划时，不仅应确定最终产品在某一确定时间的具体数量，还应明确型号、品种等。而时间单位通常以周来表示，也可以以小时、日、旬、月、季度等为单位。其计划应不短于最长的产品生产周期，还应比这时间长，从而提高计划的预见性。近期的计划可以编写得很具体，称为确定性计划，而远期的可以编写得稍微粗略，称为尝试性计划。

主生产计划的编写以合同和市场预测为根据，近期的确定性计划确定的订购合同往往是其根据，而远期尝试性计划则是综合考虑订购合同和市场预测的结果。由此，主生产计划根据合同和市场预测的数据，把经营计划或生产大纲中的产品系列具体化，使之成为MRP的主要依据。在ERP沙盘模拟实训中，模拟企业根据订单来确定详细的生产计划，当然抢单的时候也要考虑企业已有的生产能力。

主生产计划的滚动期应以 MRP 的运行周期为依据。如果 MRP 的运行周期为一周，则主生产计划的更新期也为一周。表 4-2 为主生产计划示例。

表 4-2　　　　　　　　　　　　　　主生产计划

周次	1	2	3	4	5	6	7	8	9
产品 A/台					10			15	
产品 B/台				13			12		
产品 C/台	10	10	10	10	10	10	10	10	10

资料来源：陈荣秋，周水银. 生产运作管理［M］. 北京：首都经济贸易大学出版社，2013：143.

4.2.2.2　物料清单（bill of material，BOM）

物料清单一般用树形图表示，它不仅表示了所有原材料、元件和组件的数量，还表示了它们之间的关系，以及制成最终成品所需原材料的先后顺序。MRP 计算机系统可以精确地确定为了完成某一产成品需要什么物品以及数量多少。图 4-1 是物料清单树形图示例。

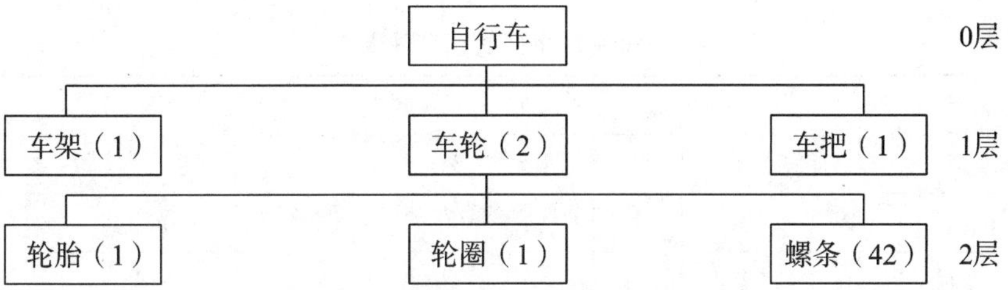

图 4-1　自行车的物料清单树形图

企业编写物料清单时，把产品与物料之间的关系用树形图表示出来，一目了然。在树形图中还可以表示每件物料需要的数量和加工周期及所处的层级，如图 4-2 所示。在 ERP 沙盘模拟实训中，不存在产品物料的加工周期，只是需要提前预订。

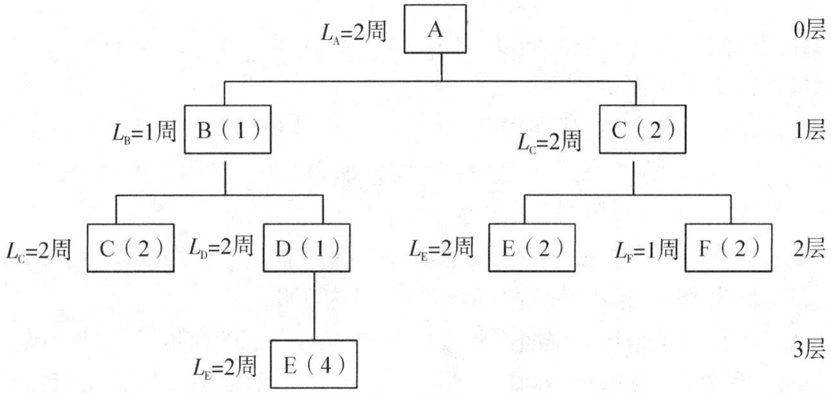

图 4-2　A 产品的物料清单树形图

树形图的右侧表明了物料所处的层级，各个组件处于不同的层级，每一层级表示制造最终产品的一个阶段。图 4-2 中，0 层为最高层，代表最终产品 A；1 层代表组成最终产品的元件，为 B、C；2 层代表组成第 1 层的元件，包括 C、D、E、F；3 层为最低层，是元件 E。在该图中第 2 层和第 3 层都有元件 E，这给相关需求计算带来困难，一般采用最低层技术来解决。所谓低层码，是指在所有产品结构树形图的所有层次中最低层的层次码，在图 4-2 中元件 E 的低层码为 3。计算机系统自动计算和维护低层码。

图中，L_x表示元件的加工、装配或采购所花的时间，为提前期，常称为加工周期、装配周期和采购周期。图 4-2 中第 1 层的 B 元件需要量是 1，加工周期是 1 周。

4.2.2.3　库存信息

库存信息用库存状态文件表示。产品结构文件一般是固定的，而库存状态文件则比较灵活，MRP 每重新运行一次，其就变更一次。它表示的是每种物料的库存状态，即相关的数量信息、时间信息等。MRP 系统关于物料订购的类型、数量、时间都有详细的记录，见表 4-3。在 ERP 沙盘模拟实训中，模拟企业进行生产和预订原材料时应根据已有的库存状态，在满足生产的需要的条件下，原则上库存越少越好。

表 4-3　　　　　　　　　　元件 B 库存状态文件表

项目	周次									
	1	2	3	4	5	6	7	8	9	10
总需要量					300			300		300
预计到货量		400								
现有数	20	420	420	420	120	120	120	-180	-180	-480
净需要量								180		300
计划发出订货量							180		300	

总需要量由上层元件的计划发出订货量来确定，表 4-3 中对 B 的需要量是第 5、8、10 周均为 300。

预计到货量是指在相应时间段元件的到货量，即入库量，表 4-3 中，B 的预计到货量在第 2 周为 400。

现有数是指元件在当前阶段的库存量。表 4-3 中 B 元件的现有数为 20，第 2 周到货 400 后，则库存在第 3 周和第 4 周分别为 420，在第 5 周用掉 300，则变为 120，到第 8 周需 300 的量，所以为-180。

当现有数和预计到货量不能满足总需要量时，就会产生净需要量。第 8 周对 B 的净需要量为 180，第 10 周对 B 的净需要量为 300。

计划发出订货量是指根据净需要量以及提前期安全库存量、批量规则、损耗情况，确定元件需要在哪个时间段订货多少。B 的提前期为 1 周，所以需要在第 7 周订货 180，在第 9 周订货 300。

4.2.3 MRP 的处理过程

4.2.3.1 基本步骤

MRP 的处理过程包括各种输入信息的处理，首先确定主生产计划，确定好主生产计划后，将其作为确认的订单传给 MRP，然后根据物料清单以及产品结构树形图，从第一层项目开始逐层处理各个物料的需求和订购数据。即自顶向下，借用低层码处理技术，先处理所有产品的最高层，即 0 层，再处理 1 层，直至最低层。各参数计算如下：

总需要量=上一层元件（父项）计划发出订货量×BOM 图中的单位需求量

现有数=前一时间段的现有数+预计到货量-总需要量-已分配量

净需要量则根据现有数和总需要量等来确定。

计划发出订货量是根据批量规则确定计划发出订货数量，其应大于或等于净需要量，还应考虑耗损。订货时间则应考虑元件的提前期而确定。在 ERP 沙盘模拟实训中，企业根据产品需要的原料以及库存来确定订货量。

4.2.3.2 计算举例

以图 4-2 的产品结构图为例，MRP 的处理过程及计算结果见表 4-4。根据处理过程逐层计算 A、B、C 的需求，C 的低层码为 2。

表 4-4　　MRP 的处理过程

产品项目	提前期	项目	周次										
			1	2	3	4	5	6	7	8	9	10	11
A（0层）	2周	总需要量								10			15
		预计到货量											
		现有数	0	0	0	0	0	0	0	-10	-10	-10	-25
		净需要量								10			15
		计划发出订货量						10			15		
B（1层）	1周	总需要量						10			15		
		预计到货量	10										
		现有数（2）	12	12	12	12	12	2	2	2	-13		
		净需要量									13		
		计划发出订货量								13			
C（2层）	2周	总需要量						20		26	30		
		预计到货量		10									
		现有数（5）	5	15	15	15	15	-5	-5	-31	-61		
		净需要量						5		26	30		
		计划发出订货量				5		26	30				

在 MRP 处理过程中首先从顶层 0 层开始，表 4-4 中 A 产品在第 6 周的计划发出订货量为 10，第 9 周为 15。然后处理 1 层，由产品树形图得知 1 个 A 产品包含 1 个 B 元件，因此 B 的总需要量第 6 周为 10，第 9 周为 15，而 B 的提前期为 1 周，所以需要在第 8 周发出订货量 13。第 1 层处理完毕，然后处理第 2 层，1 个 A 产品包含 2 个 C，1 个 B 也包含 2 个 C，在第 6 周 A 的总需要量为 10，第 9 周总需要量为 15，所以 C 的总需要量在第 6 周和第 9 周分别为 20 和 30，而 B 在第 8 周发出的订货量是 13，所以在第 8 周对 C 的总需要量为 26，由此计算出 B 的总需要量。最后再根据它的现有数和提前期而确定出 C 的计划发出订货量。

4.2.4 MRP 的发展

4.2.4.1 能力需求计划（capacity requirement planning，CRP）

当物料需求计划做出来以后，应该考虑企业的生产和运作能力是否能满足物料需求计划的要求。所以 CRP 是对物料需求计划所需能力的一种计划管理方法。没有 CRP 时，企业会根据 MRP 的计算结果对比企业的能力，人工判断 MRP 的可行性，如若不可行，再人工调整 MRP，最终让 MRP 符合企业的生产能力。

而 CRP 可以根据物料需求计划的数据换算出生产出这些物料所要占用某一工作重心的负荷数，再与工作重心的能力相比较，形成能力需求计划报表。其一般用柱状图或报表的形式表示，如图 4-3 所示。

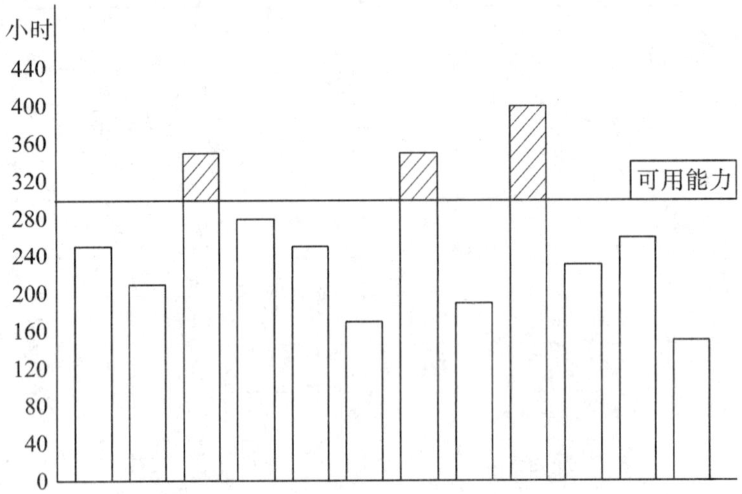

图 4-3 负荷直方图

资料来源：拓步 ERP 资讯网. ERP 系统的主生产计划（MPS）[EB/OL].（2012-04-16）[2016-03-14]. http://www.toberp.com/html/consultation/108259128.html.

在 ERP 沙盘模拟实训中，企业根据战略规划确定要开发的生产线，除了手工生产线外，还可以开发半自动、全自动和柔性生产线，其生产周期分别为 2Q、1Q、1Q，同时还需要一定的安装周期，分别为 2Q、4Q、4Q。企业开发的生产线越多，生产能力越强，但开发成本也显著上升。同时，如果抢订的订单不够理想，会给企业造成很大的产成品库存。所以，模拟企业在订单的抢订和生产线的开发上须综合考虑各因素。

4.2.4.2 MRP Ⅱ

1977 年 9 月美国著名的生产管理专家奥利佛·怀特（Oliver Wight）提出制造资源计划（manufacturing resource planning，MRP），为了区别基本的 MRP 资源需求计划，将其命名为 MRP Ⅱ。它不仅实现了对物料的控制，而且反映了物料投入与产出过程中资金流通的情况。因此，MRP Ⅱ 是将生产活动和财务活动结合在一起，通过物流与资金流的信息集成，形成一个集生产、营销、采购和财务活动于一体的经营管理信息系统。MRP 只能确定物料的需求，而 MRP Ⅱ 可以根据 MRP 的数据确定企业的成本以及采购预算，生产计划中的很多内容都可以转化为货币单位，从而使生产计划与经营计划保持一致。

MRP Ⅱ 编制的计划由上到下，由粗到细。从图 4-4 可以看出经营计划是 MRP Ⅱ 的起始点。

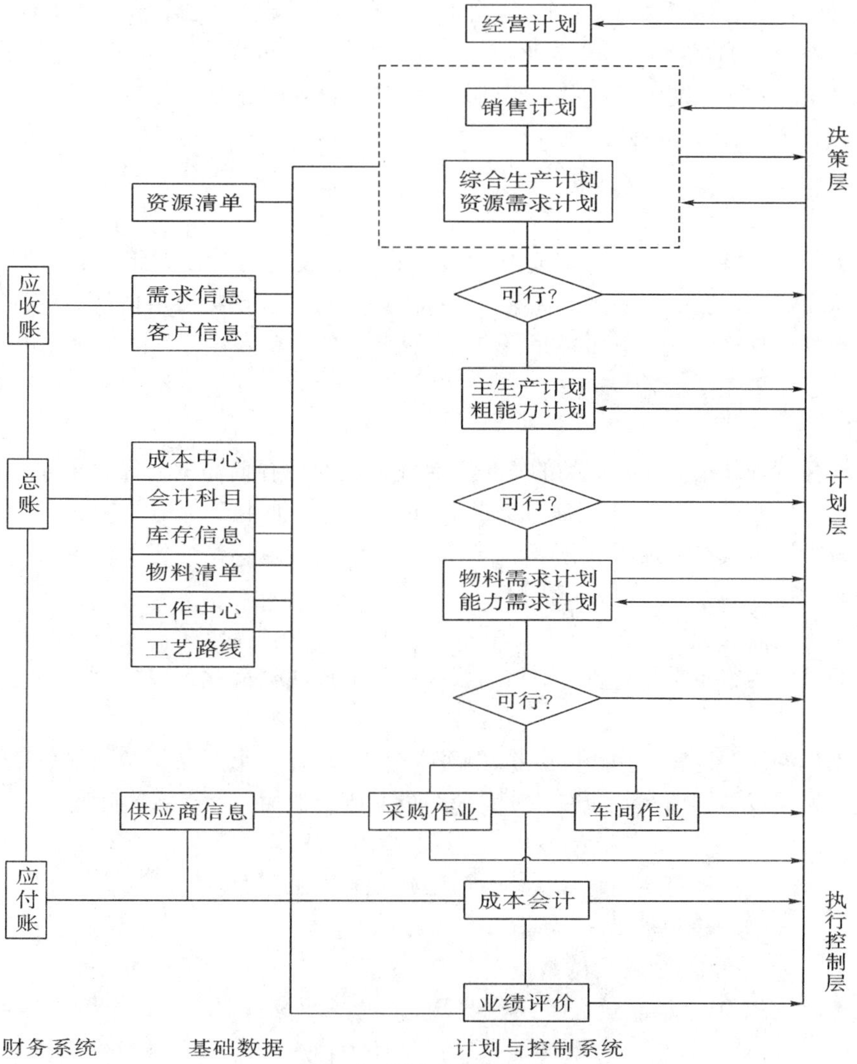

图 4-4　MRP Ⅱ 处理流程

资料来源：Edward. ERP 的发展及展望 [EB/OL].（2010-11-10）[2016-03-14]. http://blog.sina.com.cn/s/blog_6e4622f30100mi9e.html.

它的整个处理过程如下：

（1）首先通过经营计划确定企业的产值和利润目标，经营计划一般只列出要生产的产品大类和总吨位数。

（2）要实现一定的产值和利润目标，就要按市场的需求确定销售计划。

（3）企业结合应收账、销售计划、生产条件确定生产计划，以产品族为对象，明确生产什么、生产多少，进行粗略能力平衡。按现有的生产能力和条件，若不能满足经营计划的要求，则将信息反馈到经营计划，并做出相应调整。

（4）确定主生产计划。企业根据主生产计划，以具体产品为对象，规定每种具体产品的出产时间和数量，并考虑生产能力，如若与生产能力不能平衡，则反馈到生产计划中，做出相应调整。

（5）确定自制件生产计划和外购件的采购计划。MRP 根据产品的物料清单和物料库存信息将产品分解，形成车间生产和物料采购的依据，即自制件的生产计划和外购件的采购计划。企业根据 MRP 的数据，可以确定车间的生产任务、零部件生产的完工期限和数量、车间控制和作业计划的标准。

4.3 库存与采购管理

为了达到既定的目标，企业应对物流的全过程进行计划、组织、协调与控制，从而实现供应链的整体最优管理目标，即努力地实现物流增值性服务，同时努力地削减物流成本。下面将介绍两个与此相关的主要内容。

4.3.1 库存管理

库存管理就是对库存商品的管理，企业通过对库存商品的入库、出库、移动和盘点等操作进行全面的控制和管理，使企业在保证生产所用的情况下降低库存、减少资金成本、提高服务水平。

4.3.1.1 单周期需求库存管理

单周期需求也叫一次性订货，很少重复订货，这种需求是偶发的或物品生命周期短。因为很少重复订货，所以就没有订货时间决策问题，以费用作为主要考虑内容。

单周期库存通常采用边际分析法解决，假设增加一个产品订货就能使期望收益大于期望成本，那么就应在原来订货量的基础上追加一个产品的订货。

$$P(D)\cdot C_U>[1-P(D)]\cdot C_0$$

式中，C_0：单位产品超储成本，进货但没有卖出去的损失；

C_U：单位产品缺货成本；

D：预计要订货的数量；

$P(D)$：需求量大于或等于 D 的概率，是累计概率。

$$P^*(D)\cdot C_U=[1-P(D)]\cdot C_0$$

此时，$P^*(D)$ 为临界概率，即既不缺货也不超储的 $P(D)$，结合需求概率分布表，就可求出最佳订货批量。

4.3.1.2 独立需求库存管理

1. 定量订货管理法

连续不断地观测库存余量的变化，当库存量下降到最低库存 R 时就马上进行订购。订购的货物将在提前期 L 期末收到。在 ERP 沙盘模拟实训中，模拟企业在进行生产时需不断关注物料库存量的变化，同时结合生产所需来确定物料的订购量和订购时间。

（1）订货点的确定。订货点 R 既不能太高也不能太低，它和需求量 D 以及订货提前期 L 这两个要素有关。当需求固定以及订货提前期不变时，R 的值由下式决定：

$$R=\frac{L\cdot D}{365}$$

式中，D 表示每年的需要量。

当需要发生变动或订货到货之间的时间是变动的，则订货点 R 由下式决定：

$$R=ED(L)+I_S=d\cdot L+ZS_0\sqrt{L}$$

式中，$ED(L)$：提前期 L 内的平均需求量；

d：每日需求量；

Z：安全系数；

S_0：需求变动值；

I_S：安全库存量；

L：最大补货提前期时间。

（2）订货量的确定。在需求和订货提前期等条件的约束下，总库存成本最小的经济批量（EOQ）为每次订货时的订货数量，以这种方式来求订货量为经济批量模型，即物料一次全部入库，陆续耗用的情况下，使总库存成本最小的经济批量为每次订货时的订货数量。在确定订货量时还得考虑一种情况，那就是物料不能一次全部入库，而是陆续入库，再陆续耗用，此时订货量的计算还要考虑每日送货量和每日耗用量两个指标的影响。

2. 定期订货管理法

定期订货是指每隔一个固定的间隔周期发出订货，每次订货没有固定的批量，而是将现有库存补充到目标库存量。定期订货量的计算受最高库存量、现有库存量、订货未到量、顾客延迟购买量的影响。

订货周期一般应该综合考虑企业的生产周期和供应周期，并可参考月、季、年等自然日历来定。

4.3.1.3 ABC 分类法

企业的库存物资分为三类：一类是 A 类，数量占库存物资总数的 10%，金额占库存总金额的 70%左右；二类是 B 类，数量占库存物资总数的 20%，金额占 20%左右；三类是 C 类，数量占库存物资总数的 70%，金额占 10%左右。企业对于 A 类物品应尽可能地严加控制，并要求最准确的、完整的、详细的记录，频繁的实时的更新以及准确的订货量计算。MRP 数据与订货点都要求准确，以高优先级来压缩其提前期与库存；对于B类物品则应进行正常控制，正常记录，仅在关键时刻给以高优先级，当每季度或要发生主要变化时确定一次EOQ与订货点，MRP的输出按常规处理；对于C类物品则尽可能简便地控制，定期检查，简化记录，保持大库存量与订货量，给以最低的优先级，不要求做EOQ或订货点计算，订货往往不用MRP。

4.3.2 采购管理

4.3.2.1 采购数量的确定

根据企业的MRP确定采购数量，生产计划、物料清单和库存管理是决定采购数量的主要依据。

物料中心具体的采购数量可根据具体情况采用不同的确定方法。价格低廉的物料、临时需要的物料或非直接用于生产用途的物料，可以根据订货点来决定采购时点。而对于价格比较高的物料则可以采取定期订货法。既然是定期，就必须对未来的需求量做出一个正确的评估。

4.3.2.2 采购计划的编制

采购计划的编制有利于保证企业有足够而不多余的物料以供生产使用，因此采购计划是维持正常的产销活动的关键。与营销计划和资金调度配合的采购计划制订后，企业生产活动需要的物料就能得到保证，并且不多余，物料的周转期和采购的时机也很容易把握。

根据生产计划、物料清单、物料存量等情况来确定采购的时间、采购的数量、采购的地点、采购的品种、采购的人员等，制订出详尽的采购计划。

5　企业营销管理方法

企业的生存和发展以研究市场和占有市场为前提，市场营销知识是管理者和企业家知识结构中必不可少的组成部分。营销管理过程是指企业通过满足客户需求从而实现企业经营目标的商业活动过程，包括分析市场环境、选择目标市场、设计营销组合、营销活动控制等内容。本章将着重探讨与ERP沙盘模拟实训相关的内容。

5.1　市场机会分析

5.1.1　发现和评价市场机会

发现和评价市场机会是指发现潜在的市场，寻求企业市场机会，并评价发现的市场机会；在现实中必须经过周密的市场调查，知晓客户群是谁、市场容量、顾客心理和购买力、市场环境情况、未来经济发展走势等。发现和评价市场机会包括市场营销环境分析和消费者市场购买行为分析等。企业可通过营销环境和消费者市场购买行为的分析来寻求企业新的市场机会。

5.1.1.1　市场营销环境分析

市场营销环境是指影响企业市场营销活动及其目标实现的各种因素和动向，泛指一切影响、制约企业营销活动的最普遍的因素，即造成环境威胁和市场机会的主要力量和因素。它可分为宏观环境、微观环境、内部环境。对市场营销环境的研究是企业营销活动管理的最基本的课题。

1. 宏观环境

宏观环境又称间接营销环境，指影响企业营销活动的社会性力量和因素，是企业无法直接控制的因素，是通过影响微观环境来影响企业营销能力和效率的一系列巨大的社会力量，包括人口环境、经济环境、政治环境、法律环境、技术环境、社会文化和自然环境等。

2. 微观环境

微观环境又称直接营销环境（作业环境），指与企业紧密相连，直接影响企业营销能力的各种参与者，即影响其营销能力和效率的各种力量和因素的总和，包括企业本身、市场营销渠道企业（供应者、中间商）、消费者、竞争者及社会公众等。

3. 内部环境

内部环境是指企业内部对企业营销能力和效率有影响的各种因素和力量，包括营销能力、财务能力、生产能力及组织能力等。企业可通过分析企业内部环境而明确企业存在的优劣势，从而确定企业自身具备的条件与环境的适应程度。

5.1.1.2 消费者市场购买行为分析

消费者市场购买行为是指人们为满足其个人或家庭生活需要和欲望而寻找、选择、购买、使用、评价及处置产品、服务时介入的过程活动。消费者市场购买行为是复杂的，其购买行为的产生受到其内在因素和外在因素的交互影响，即主观心理活动和客观物质活动两个方面。企业营销通过对消费者市场购买行为的分析，了解其特点，从而制定有效的营销策略，实现企业营销目标。成功的市场营销者能够提供有价值的产品，运用有效的方法将产品呈现给消费者。

消费者市场购买行为受内部因素和外部因素的影响。内部因素主要指消费者的心理活动，包括动机、感觉、学习、信念与态度等。外部因素包括政治因素、经济因素、文化因素、社会因素、家庭因素等。其购买决策过程主要包括确认需要、信息搜集、方案评价、购买决策、购后行为等。

5.1.2 市场需求预测

市场需求预测是市场研究中最重要的一部分，也是最复杂的一部分。市场调查、市场需求预测和市场营销决策分析是市场营销管理信息系统的三个重要组成部分。而市场需求预测又是市场预测的主要内容之一。通过市场需求预测，企业能够知晓未来市场的需求潜量，从而进行生产计划的安排，并能进一步确定目标市场，使企业做出正确的投资决策、生产决策和销售决策。

当未来需求趋势较稳定，竞争者不存在或较少，或者竞争条件不变时，市场需求预测就相对容易。而实际上市场需求环境是不断变化且不稳定的，所以需求预测也就变成了一项十分复杂的工作。

5.1.2.1 市场预测的步骤

1. 确定预测目标

明确所要解决的问题，确定预测目标。预测目标包括预测的内容、范围、要求、期限等。

2. 拟订预测方案

根据预测目标，分析影响预测目标的主要因素，并编制预测计划，拟订预测方案。

3. 搜集分析资料，选择预测方法

根据预测目标和预测方案，搜集相关资料，比如产品历史资料、环境要素、消费者行为分析、购买力、市场经济形势，对搜集来的资料进行详细的分析和数据测算，选择相应的预测方法，构建预测模型，运用定量与定性相结合的方法，分析资料中各种变量之间的关系，进行科学预测。

4. 分析评估预测结果，撰写预测报告

对预测的结果进行分析、检验和评价，并与实际相比较。预测和结果相差不大则预测效果较好，反之则不然，需重新构建模型，拟订定性和定量方案来进行预测。根据预测的结果，撰写预测报告。

在 ERP 沙盘模拟实训中，模拟企业应该对未来进行详细的市场预测，预测未来各市场的情况，包括区域市场、国内市场和国际市场等，并对行业内 P 产品的未来市场情况进行预测。

5.1.2.2　预测方法

1. 定性预测方法

定性预测方法是指利用判断、直觉、调查或比较的方法分析所有相关的条件或影响因素而做出定性估计的方法，即根据各种相关信息资料来推断企业产品未来的需求趋势和需求数量。首先，根据通货膨胀、失业、利率、消费者收支、企业投资、政府开支等重要的政治、经济、社会、文化相关因素来预测消费者总体的消费情况。然后，在此基础上结合其他相关环境因素来预测行业的未来消费情况。最后，根据相关内外因素确定本企业的未来销售情况。预测中的信息资源包括各类人员（购买者、销售人员、专家）的意见、市场调查分析报告、行业内竞争者的投资运营情况等。在方法上可以采用德尔菲法、客户意见推测法、经营人员意见推测法、专家意见推测法、市场试销法等。

在 ERP 沙盘模拟实训中，P1 产品是目前市场上的主流产品，而 P2 产品为其改良产品，很容易获得大众的认同。P3 和 P4 产品是 P 系列产品的高端产品，各个市场对它们的认同度不尽相同，需求量与价格也会有较大的差异。对于本地市场而言，P1 产品的市场需求量逐年减少，P2 产品慢慢得到市场认同，经过大致两年的时间，逐渐打开销售局面，但其需求量与 P1 产品在第一、二、三、四年相比仍然有一定的差距，在第五、六年高于 P1 产品。P3 和 P4 产品的需求量逐年上升，P3 产品在第五、六年达到最高值，远远高于同时期的 P1 和 P2 产品，P4 产品则在第四年开始有需求量，以后增长缓慢，虽然需求总量不高，但也是逐年上升。所以对于本地市场可以着重研发 P2 和 P3 产品，减少对 P1 产品的投入，再根据其各自的生产周期来确定开发的时间。在价格走向上，P3 产品的价格远高于同期其他品种的产品，并且一直处于上升趋势，P2 产品的价格在第四年达到最大值，P1 产品的价格则逐年下降。

而在区域市场，P 系列产品的需求量都没有本地市场高，P2 产品在第二、三、四年需求量最高，P3 产品逐年上升，第四、五、六年达到顶峰，P4 产品也是逐年上升，第六年达到顶峰。在价格走向上，P3 产品的价格高于同时期其他品种的产品，P2 产品在第三年的价格最高。因此，在区域市场上仍然可着重发展 P2 和 P3 产品，也可以进行一定的 P4 产品开发。总体来说区域市场的客户对 P 系列产品的喜好相对稳定，市场需求量波动不大，但因为紧邻本地市场，所以其需求总量有限，并且在这个市场上的客户对具有 ISO9000 或 ISO14000 的厂商的认同度可能更高。

国内市场的客户需求波动较大，对 P1 和 P2 产品的需求量比较大，P3 和 P4 次之。P1 和 P2 产品的需求量比较波动，而 P3 和 P4 产品的需求量却逐年升高，价格上 P3 产品高于同时期其他品种产品的价格，P1 和 P2 产品到后期价格处于下滑状态。国内市场对ISO9000和ISO14000的要求更高。

在未来的某个时期，模拟企业可能会考虑进入国际市场。在未来的几年时间里，P1产品的需求仍然很大，而P2产品逐渐被认同，需求量逐年上升，但需求总量不是很大，P3产品只在第六年有需求量，P4产品未来的情况难以预测。在价格走向上，P2产品的价格高于同时期其他产品的价格，其次是P1产品。

根据以上分析，模拟企业未来几年将着重开发P2和P3产品，P1和P4产品视情况而定，至于在何时开发还要根据每个产品的开发周期来定。各个市场侧重的产品品种不同，可根据每个市场上产品的需求量和价格走向，以及同类产品在各个市场上的横向价格比较来确定。

2. 定量预测方法

下面介绍两种简单实用的定量预测方法。

①简单移动平均法。

$$F_t=\frac{A_{t-1}+A_{t-2}+\cdots+A_{t-n}}{n}$$

式中，t表示当前时期，n表示移动平均的期数，A_t表示第t期的实际值。

预测者要求不同，n选择不同：n值偏大，则预测偏稳定性；n值偏小，则相对能体现出预测者目标的响应性。用该方法进行预测，n值的选择十分重要。

②一次指数平滑法。

其计算公式如下：

$$F_t=F_{t-1}+a\ (A_{t-1}-F_{t-1})$$

公式中，F_t表示第t期的预测值，F_{t-1}表示第$t-1$期的预测值，A_{t-1}表示第$t-1$期的实际值，a表示平滑指数。a的选择也和预测者的追求密切相关：若预测者追求平稳，则a选择相对较小；若预测者追求目标的响应性，则a选择相对较大。

5.2 目标市场决策

5.2.1 市场细分

市场细分是按照消费者的一定特性，把市场分为两个或两个以上的子市场，从而帮助企业更好地认识市场，提高营销的精确性。市场细分必须以消费者不同的需求特征为基础。

5.2.1.1 市场细分步骤

1. 选定市场范围

根据企业的经营情况以及产品的特色和市场状况为产品选定大致的市场范围。

在ERP沙盘模拟实训中，模拟企业根据市场预测的情况可以确定未来的主要市场范围，将在本地市场的基础上，着重打开区域和国内市场，在未来的某个时期实现国际市场的开发。

2. 发现顾客的潜在需求，确定需求特征变量

列举不同顾客的不同需求，了解不同潜在顾客的不同需求，找出能反映消费者需求特征的变量。在ERP沙盘模拟实训中，顾客存在对高技术含量产品的潜在需求。

3. 细分市场，为不同子市场命名

根据以上列出的变量，将整体市场划分为若干个子市场，使每个子市场具有相似的需求特征，不同的子市场由需求特征相异的消费者组成，并为每个子市场命名。

4. 细分市场有效性评估

进一步认识各潜在顾客的特点以及各潜在市场的特征和规模，对其有效性进行评估：如果符合评估标准，则细分市场有效；如果不符合评估标准，则需要重新选择变量，再次进行市场细分。

5.2.1.2 市场细分的变量

变量不同，细分市场的结果不同，变量的确定和企业的需求以及市场的情况有关。一般来说市场细分的变量包括以下内容：

1. 和消费者人文特征有关的变量

这一类变量一般能体现消费者的人文特征，包括年龄、性别等人口特征，以及地理、心理等变量。

2. 和消费者行为特征有关的变量

这一类变量能体现消费者的消费行为和习惯以及消费者对市场的反应，包括市场关注度、使用数量、购买数量、购买时机、购买频率、追求利益、价格敏感度等变量。

5.2.2 目标市场选择

在市场细分的基础上，企业根据目标顾客的需求以及企业自身的条件，选择为数不多的市场作为企业的特定市场，企业的营销策略以这样的特定市场为目标。根据产品和市场两大指标，目标市场覆盖模式有五种。

5.2.2.1 产品—市场集中化

产品—市场集中化是一种完全专业化的方式，企业为一个市场提供一种产品，即企业只需要选择一个细分市场作为自己的目标市场。企业一般会因为两种情况而采取这种方式：一是资源有限，没有足够的能力服务于更多的市场；二是企业有非常专业化的优势，特别适合这个特定市场。采用产品—市场集中化方式运营的企业风险较高，必须承担消费者偏好改变而导致的市场风险。

5.2.2.2 市场专业化

市场专业化是指企业选择某个市场后为这个市场生产所有需要的产品。这一模式因为要求企业生产各种产品，所以对企业的生产能力、服务能力、运营能力等有较高的要求，但这种模式可以为企业树立良好的市场专业口碑，多产品经营也可分散市场风险。

5.2.2.3 产品专业化

产品专业化是指企业生产一种产品并服务于不同的市场。这种方式有利于企业树立产品专业化优势和鲜明的品牌特征，但不利于企业的产品调整。

5.2.2.4 选择专业化

选择专业化是指企业选择若干细分市场作为目标市场，分别为每个细分市场选择所需的产品。因为要为多个细分市场提供不同的产品，所以对企业的规模经济有所限制，并要求企业有很强的驾驭市场的能力，特别是当这些细分市场之间缺乏内在的逻辑关系时。但这种方式却能在一定程度上分散市场风险。

5.2.2.5 全面覆盖

实力雄厚的企业一般会选择所有的市场作为目标市场，并为它们分别提供不同的产品，比如通用、宝洁这样的大公司。

5.2.3 市场定位

企业根据市场竞争和自身的情况确定企业及产品在目标市场上的竞争地位，其目标是获得竞争优势，并确定企业及产品在目标顾客心中的位置和地位。

企业一般采用三种基本的定位策略来进行市场定位、应对竞争，即避强定位策略、直接对抗定位策略、重新定位策略。

5.2.3.1 避强定位策略

避强定位策略是指避开细分市场上实力较强的竞争对手，采取与其不同的市场定位，使自己的产品在某些特征方面与竞争者相比在消费者心中有比较显著的可以区别的位置。这种模式为大多数企业所采用，成功的可能性比较大，风险较低，但要找到区别于竞争对手的独特的定位却并非易事。

5.2.3.2 直接对抗定位策略

直接对抗定位策略是指与细分市场上强大的竞争对手展开竞争，采取与其相同或相似的市场定位，在消费者心中留下强势的印象，在市场上展开激烈的竞争，具有较大的风险，对企业的实力有较高的要求。

5.2.3.3 重新定位策略

重新定位策略是指对产品原来的定位实施调整，重新为产品定位，以改变目前被动的局面或寻求新的市场增长点。重新定位往往是因为原先的定位不准确，不被消费者接受，或者是产品因竞争对手强大的攻势而陷入被动的局面，又或者是因为销售范围意外扩大而必须重新进行定位。

5.3 营销组合

5.3.1 产品策略

从营销的角度来讲，产品是能够满足消费者某一需求和欲望的任何有形产品和无形服务的总和，由核心产品、形式产品、期望产品、延伸产品和潜在产品五个层次组成。下面重点介绍与 ERP 实验课程相关的内容。在 ERP 沙盘模拟实训中，根据战略规划，模拟企业将向市场推出一系列产品，改变以前单一的P1产品销售情况，实施新的产品组合策略。

5.3.1.1　产品组合策略

产品组合是指某一销售者提供给消费者的一整套产品和产品项目，即企业生产经营的全部产品线、产品项目的组合方式。企业通过决策产品组合的宽度、长度、深度和关联度来实施产品组合策略，根据具体情况而进行扩展、缩减或延伸产品线。

1. 产品宽度

产品宽度是指企业生产经营的产品系列（产品线）的数目。企业产品线数量越多，则企业的产品组合宽度越宽；企业产品线数量越少，则产品组合宽度越窄。产品组合的宽度直接反映企业服务的市场范围。扩大宽度，则扩大了市场范围和经营范围。企业可根据自身和环境条件而决定是否扩大产品组合宽度。

2. 产品长度

产品长度是指产品组合里产品项目的总数。企业所生产产品的总长度是所有产品线中产品项目数量的总和。

3. 产品深度

产品深度是指产品线上每个产品项目所具有的花色、口味、规格等不同种类的数量。如宝洁公司的牙膏产品线下的产品项目有三种，佳洁士牙膏是其中一种，而佳洁士牙膏有三种规格和两种配方，佳洁士牙膏的产品深度是6。

4. 产品关联度

产品关联度是指产品线之间相互关联的程度，即产品线在用途、生产制造、销售渠道等方面的相关性。产品关联度的高低影响企业的竞争地位，增加产品组合的关联性，可充分地运用现有的生产、技术、分销渠道和其他方面的能力来提高企业的竞争力。

5.3.1.2　产品生命周期策略

产品生命周期是指产品从投入市场到退出市场的整个过程。企业应根据在这个过程中每个阶段的不同特点及市场状况来安排自己的营销策略。

1. 引入期

引入期指产品从设计投产直到投入市场进入测试的阶段。此时产品品种少，顾客对产品还不了解，需求量很少，所以销售量在这一阶段也很少。由于处于初期阶段，企业的生产规模还比较小，生产技术和生产质量也处于不稳定状态，初期的生产成本也比较大，广告费用较高，还要进行渠道建设，所以在这一阶段，企业极有可能不但不能获利，还有可能会亏损。这一阶段主要的营销策略包括快速掠取策略、缓慢掠取策略、快速渗透策略和缓慢渗透策略。

2. 成长期

新产品销售取得成功，经过引入期，便到了成长期。在成长期，企业的需求量和销售量迅速提升，生产技术也得到提高，生产成本下降，利润开始增长。进入成长期，特别是在成长后期，由于新产品市场得到迅速扩大，利润也会很高，开始有新的竞争者进入市场，企业的利润增长减慢。在这个阶段，企业的营销策略，应该考虑的是提高产品质量，设计出产品的新款式、新型号、新用途，并树立产品新的良好的形象，开辟和拓宽销售渠道，也可以考虑调整产品的销售价格，获得更多的顾客。

3. 成熟期

当产品进入成熟期，产品的销售量增长缓慢。在这个阶段，企业应该考虑积极的市场营销策略，以延长产品的成熟期，比如市场改良策略、产品改良策略、营销组合改良策略等。

4. 衰退期

市场上出现了性能更好、价格更低、更能满足消费者需求的产品，企业的产品逐渐被淘汰，进入衰退期。这个时候企业应该考虑采取继续策略、集中策略、放弃策略等。

在 ERP 沙盘模拟实训中，新产品的开发都要经历这四个阶段，模拟企业要特别注意每个阶段每类产品生产和销售策略的制定。

5.3.2 价格策略

价格策略的优劣影响营销组合的成功与否。企业要根据消费者市场和企业自身的情况来确定产品的价格。成本、市场需求和竞争状况是影响产品价格高低的最主要的因素。企业定价的方法主要包括成本导向定价法、需求导向定价法、竞争导向定价法。在定价策略上，企业可以考虑新产品定价策略、消费者心理定价策略、产品组合定价策略、折扣定价策略。

5.3.3 促销策略

促销就是企业通过各种方式将自己的产品信息传递给消费者和用户的行为。企业可以通过广告、宣传、营业推广、人员推销、公共关系等方式来进行促销。在这里，我们重点介绍一下广告。

5.3.3.1 广告预算影响因素

广告是一种重要的信息传播方式。企业通过媒介和非人员促销形式，直接或间接地推销自己的产品或服务的理念。企业在做广告的时候首先应该确定广告预算。广告预算受广告目标、竞争者广告支出和企业广告可用资金几大因素的影响。当企业投入的广告费用比较多时，它的广告市场份额也就较大，而实际的市场份额也将有所增加。广告市场份额和实际的市场份额往往是呈正相关的关系。当企业拥有较高的市场份额时，它也能获得较多的资金来负担更高的广告市场份额。所以，很多企业都把广告作为一个效率很高的主要的促销方式。

在 ERP 沙盘模拟实训中，广告是唯一的获得市场订单的促销方法，市场地位的确立也与此十分相关，因此模拟企业都比较注重广告的投入。第一年广告投入的多少决定了订单选择的先后，先选的企业无疑能拿到当年最好的订单。广告到底投入多少，将视总体规划、广告预算和竞争对手的情况而定。

5.3.3.2 广告预算的方法

（1）销售百分比法：基于过去的经验，确定广告费用占计划销售额的百分比，企业以此百分比为基础来确定广告预算。

（2）目标任务法：根据广告目标，选定广告媒体，计算出相应的广告费用。

（3）竞争对抗法：以竞争对手的广告支出，来决定企业的广告费用。

（4）承受力法：企业的其他预算得到满足之后的余额用作广告费用，这种做法的风险比较大，往往没有考虑广告目标和广告效果。

5.3.4 渠道策略

大多数生产者和消费者不能进行直接的面对面的交易。因此，企业需要建立将某种产品或服务向消费者转移的渠道。能否使产品顺利地到达消费者的手中，渠道策略将起到关键性的作用。生产者渠道选择方案包括确定销售渠道模式、确定中间商数目、规定渠道成员的权利与义务等内容。

6 企业财务管理方法

财务管理是对企业资金收支进行规划和控制的经济管理活动，主要包括筹资管理、投资管理、营运资金管理及收益分配管理。财务管理是企业重要的管理活动之一，也是ERP沙盘模拟实训中的关键环节。ERP沙盘模拟实训主要涉及现金预算、资金筹集、固定资产投资、无形资产投资以及财务分析等一系列财务管理活动。

6.1 现金预算管理

企业如果亏损，短期内不会影响企业生存；但如果现金断流，则企业的生产经营活动将无以为继，立刻中断。所以，现金犹如企业的血液，非常重要。现金的流动性是所有资产中最强的，但同时又是一种非营利性的资产，不能给企业带来任何收益。企业应当持有一定的现金来防止可能的现金短缺，但又不能持有过多的现金，造成现金的闲置和浪费，降低整体资产的收益能力。现金管理就是在现金的流动性和盈利性之间进行权衡选择。现金预算管理是现金管理的核心环节。

6.1.1 现金预算的概念

现金预算就是在企业长期发展战略的基础上，以现金管理的目标为指导，充分调查和分析各种现金收支的影响因素，运用一定的方法合理估测企业未来一定时期的现金收支状况，并对预期差异采取相应对策的活动。根据企业生产经营特点与管理要求，现金预算可按月、周或日为基础进行编制，也可覆盖几个月至一年。

6.1.2 现金预算的作用

编制现金预算可以较为有效地预计未来可能的现金收支数量和时间，是现金收支动态管理的一种有效方法。现金预算在现金管理上的作用表现在：

（1）可以揭示现金过剩或现金短缺的时期，使资金管理部门能够将暂时过剩的现金转入投资或在短缺时期来临之前安排筹资，以避免资金闲置产生的机会成本，或资金不足影响生产经营的顺利开展。

（2）可以在实际收支实现以前了解经营计划的财务结果，预测未来时期企业对到期债务的直接偿付能力。

（3）可以据此对其他财务计划提出改进建议。

6.1.3 现金预算的编制方法

目前最为流行、应用最为广泛的现金预算编制方法是收支预算法，又称直接法。其基本原理是通过将预算期内可能发生的一切现金收支分类列入现金预算表内，从而确定收支差异并采取适当财务对策。收支预算法编制现金预算主要分四个步骤进行：

（1）计算预算期内现金收入，即根据企业收入预算（包括销售收入预算、投资收入预算及其他收入预算）计算企业在预算期内所能获得的现金收入。

（2）计算预算期内现金支出，即根据企业现金支出计划（例如采购原材料、支付工资、支付期间费用、支付税金等）计算企业在预算期内的现金支出。

（3）计算现金不足或结余，即根据公式（6.1）估算企业在预算期内的现金余缺水平。

$$\text{预算期内现金余缺}=\text{预算期初现金余额}+\text{预算期内现金流入}-\text{预算期内现金流出}-\text{预算期末现金余额} \quad (6.1)$$

（4）现金融通，即根据计算出的期末现金余缺情况进行短期投融资。如果现金不足，则提前安排筹资（比如向银行借款等）；若现金富余，则提前归还贷款或投资有价证券，以增加收益。

例 6-1：假定 ABC 公司发生现金余缺均由归还或取得短期借款解决，且短期借款的利息可以忽略不计。除表中所列项目外，企业没有有价证券，也没有其他现金收支业务。预计 202×年度设定的年末余额为 2 000 万元。ABC 公司编制的 202×年度现金预算如表 6-1 所示：

表 6-1　　202×年度 ABC 公司现金预算　　单位：万元

项目	第一季度	第二季度	第三季度	第四季度
①期初现金余额	1 000	1 500	2 000	2 500
②本期现金收入	31 000	33 500	38 000	36 500
③可运用现金合计（①+②）	32 000	35 000	40 000	39 000
④本期现金支出	30 000	34 000	37 000	40 000
⑤现金余缺（③-④）	2 000	1 000	3 000	-1 000
⑥资金筹措及运用（⑦-⑧）	-500	1 000	-500	3 000
⑦取得短期借款	0	1 000	0	3 000
⑧归还短期借款	500	0	500	0
⑨期末现金余额（⑤+⑥）	1 500	2 000	2 500	2 000

6.2　筹资管理

企业的资金运动以筹资为起点。企业在设立以及开展经营活动的过程中，首先必须解决的是从什么渠道、通过什么方式、在什么时间、筹集多少资金。财务人员面对这些问题时，一方面要保证筹集的资金能满足企业经营与投资的需要；另一方面还要使资本成本和筹资风险在企业的掌控之中，一旦外部环境发生变化，企业不至于因无法偿还债务本息而陷入破产。

企业预测出未来的资金需要量后，就要选择恰当的筹资方式。在ERP沙盘模拟实训中，模拟企业可通过短期贷款、长期贷款、高利贷、应收账款贴现、出售原材料、产品或厂房来筹集资金。前四种均为债务筹资方式，最后一种本质上属于资产出售业务，不属于筹资方式。每一种筹资方式的资本成本、筹资条件和资金使用期限都有差异，财务人员应根据不同筹资方式资本成本的高低、财务风险的大小、取得资本的难易等情况进行合理选择。

6.2.1　比较资本成本

6.2.1.1　资本成本的概念和一般计算公式

资本成本也称资金成本，是指企业为筹集和使用资金而发生的各种费用，包括用资费用和筹资费用两部分内容。

在财务管理中，资本成本一般用相对数资本成本率表示，即表示为用资费用与筹资净额的比率，其中筹资净额是筹资数额扣除筹资费用后的差额。资本成本率的一般计算公式为：

$$资本成本率=\frac{用资费用}{筹资数额-筹资费用}\times 100\% \qquad (6.2)$$

在ERP沙盘模拟实训中，各种筹资方式均不考虑资金的筹资费。另外，按照国际惯例和各国所得税法的规定，债务的利息一般允许在企业所得税前列支，即债务利息有减税作用。因此，企业实际负担的债务利息为利息×（1-所得税税率），并以此确认为债务筹资的用资费用。但在ERP沙盘模拟实训中，债务筹资均具有减税作用，所以，比较这些筹资方式的资金成本时，不再考虑减税因素。

6.2.1.2　各种筹资方式的资本成本

1. 短期贷款、长期贷款和高利贷的资本成本

根据ERP沙盘模拟实训的规则，短期贷款的年利率为5%，长期贷款的年利率为10%，高利贷的年利率为30%。根据前述分析，在不考虑筹资费和利息减税的情况下，短期贷款、长期贷款和高利贷的资本成本率分别为5%，10%和30%。

2. 应收账款贴现的资本成本

企业可以将持有的未到期的应收账款拿到银行贴现，提前获得现金，但要支付贴现利息。在ERP沙盘模拟实训中，应收账款贴现必须按6∶1提取贴现利息，即从应收账款中取7M（单位：1M=1 000 000元）或7的整数倍数的应收账款，

6M 或 6 的整数倍数放入现金，其余为贴现利息。应收账款的贴现是按季度进行的，所以，此时应收账款贴现的资本成本率计算公式为：

$$应收账款贴现的资本成本率=\left(\frac{1}{6}\div剩余账期\right)\times4\times100\% \tag{6.3}$$

从该计算公式可以看出，应收账款贴现的资本成本率与剩余账期成反比。剩余的应收账款账期越短，贴现的资本成本率越高；剩余的应收账款账期越长，贴现的资本成本率越低。

例 6-2：企业将剩余 4 个账期的应收账款贴现，该笔应收账款贴现的资本成本率计算如下：

$$应收账款贴现的资本成本率=\left(\frac{1}{6}\div4\right)\times4\times100\%\approx16.67\%$$

在 ERP 沙盘模拟实训中，应收账款的账期最长为 4 期。剩余 4 个账期的应收账款贴现是该实训中应收账款贴现中资本成本率最低的，但也远远高于短期贷款 5%和长期贷款 10%的资本成本率。

6.2.2 考虑财务杠杆

企业在进行负债筹资时，还必须考虑财务杠杆给企业带来的收益和风险。

6.2.2.1 财务杠杆的概念

财务杠杆是指企业债务资本中固定费用的存在而导致税后利润变动率或每股收益变动率大于息税前利润变动率的现象。企业的全部长期资本是由权益资本和债务资本构成的。权益资本成本是变动的，从企业的税后利润中支付；而债务资本成本通常是固定的，并在缴纳企业所得税前扣除。不管企业的息税前利润是多少，首先都要扣除利息等债务资本成本，剩余的才属于权益资本的收益。因此，企业利用债务筹资会对权益资本的收益产生一定的影响，有时可能给权益资本的所有者带来额外的收益（财务杠杆利益），有时也可能造成额外的损失（遭受财务风险）。

6.2.2.2 财务杠杆利益分析

财务杠杆利益是指企业利用债务筹资这个财务杠杆给权益资本带来的额外收益。在企业资本规模和资本结构一定的条件下，企业从息税前利润中支付的债务利息是相对固定的，当息税前利润增加时，每 1 元息税前利润所负担的债务利息会相应地降低，扣除企业所得税后可分配给企业权益资本所有者的利润就会增加，从而给企业所有者带来额外的收益。

6.2.2.3 财务风险分析

财务风险亦称筹资风险，是指企业经营活动中与筹资有关的风险，尤其是指在筹资活动中利用财务杠杆可能导致企业权益资本所有者收益下降的风险，甚至可能导致企业破产的风险。由于财务杠杆的作用，当息税前利润下降时，税后利润会下降得更快，从而给企业权益资本所有者造成财务风险。

例 6-3：某公司 2018—2020 年的息税前利润分别为 160 万元、240 万元和

180 万元，每年的债务利息均为 150 万元，公司所得税税率为 25%。该公司财务杠杆作用带来的财务杠杆利益和财务杠杆风险的测算如表 6-2 所示：

表 6-2　　**某公司财务杠杆利益和风险测算表**　　金额单位：万元

年份	息税前利润	息税前利润变化率	债务利息	所得税	税后利润	税后利润变化率
2018	160	—	150	2.5	7.5	—
2019	240	+50%	150	22.5	67.5	+800%
2020	180	-25%	150	7.5	22.5	-67%

由表 6-2 可以看出，公司每年债务利息均为 150 万元，保持不变。公司的息税前利润由 2018 年的 160 万元增长到 2014 年的 240 万元，增长率为 50%。由于财务杠杆的作用，税后利润的增长率高达 800%。税后利润的增长率远远高于息税前利润的增长率，从而给权益资本的所有者带来了额外的利益。但当公司的息税前利润由 2019 年的 240 万元下降到 2020 年的 180 万元，降低率为 25%时，由于财务杠杆的放大作用，税后利润的降低率达到 67%。税后利润的降低幅度远远大于息税前利润的降低幅度，从而导致了财务风险。

企业进行筹资决策时，应该与投资相配合，除了需要考虑资本成本、财务杠杆等因素之外，还需要考虑筹资数量的合理性、筹资方式的可获得性、资金的取得时间、当前可使用的额度、利息的支付方式、对后续其他筹资手段的影响等因素，力争做到资金成本和筹资风险最低，适用度最好。

6.3　资本投资管理

固定资产和无形资产投资统称为资本投资。资本投资具有投入数额大、回收慢、风险高的特点，一旦决策失误就会给企业和社会造成资金浪费及经济损失，甚至带来致命的打击而导致企业破产。所以，资本投资管理在企业财务管理中占有非常重要的地位。在 ERP 沙盘模拟实训中，资本投资管理涉及厂房和生产线等固定资产的投资以及市场开拓、产品研发和资格认证等无形资产的投资。

6.3.1　厂房的投资决策

ERP 沙盘模拟实训为经营者提供了大、小两类厂房，可租可买。大厂房可容纳 6 条生产线，小厂房可容纳 4 条生产线。ERP 沙盘模拟实训中厂房的投资决策涉及是否需要投资新厂房，投资哪种类型的厂房，何时投资，选择买还是租等问题。是否需要投资新厂房取决于未来新增生产线的投资数量，如果现有厂房不能容纳未来新增的生产线，则需要投资厂房。投资哪种类型的厂房应遵循的原则是保证厂房的空置率最低，最大化地提高厂房的使用效率。何时投资，应配合企业生产线投资建设的时间，考虑是否会影响后续投资能力。买或租则取决于企业的资金是否宽裕、资本成本的高低以及投资收益率的高低。厂房投资收益率可按如下公式计算：

$$厂房投资收益率=\frac{\sum 每种产品的单位平均毛利\times 截至经营结束该厂房中各条生产线产出并售出的产品数量}{租金总支出或购买价格}\times 100\% \quad (6.4)$$

其中，

$$每种产品的单位平均毛利=\frac{\sum 厂房中的生产线有产出后该产品每年订单的销售额}{\sum 厂房中的生产线有产出后该产品每年订单的销售量}-该产品的单位成本$$

6.3.2 生产线的投资决策

评价固定资产投资项目是否具备财务可行性或孰优孰劣的指标主要有两大类：一类是折现指标，即考虑了资金的时间价值因素的指标，主要有净现值、现值指数和内含报酬率；另一类是非折现指标，即没有考虑资金的时间价值因素的指标，主要有投资回收期和平均报酬率。因为折现指标需要预测未来各年的现金流量，并确定合理的折现率，但这些数据在 ERP 沙盘模拟实训中很难取得，所以折现指标不适合 ERP 沙盘模拟实训的投资评价。投资回收期则是非常适合 ERP 沙盘模拟实训的评价指标。

投资回收期是指从开始投资到收回全部原始投资所需要的时间，一般用年表示。在其他条件相同的情况下，投资回收期越短，投资风险越小，投资越有利。

ERP 沙盘模拟实训中，生产线的类型包括：手工生产线、半自动生产线、全自动生产线和柔性生产线。生产线的投资回收期的计算公式如下：

$$投资回收期=安装时间+\frac{生产线投入资金}{毛利-维修费-利息} \quad (6.5)$$

其中，

$$毛利=（预计单价-单位成本）\times 年产能$$

利息为生产线投入资金的机会成本。从财务稳健的角度出发，长期贷款用于生产线投资、产品研发等长期资产的构建，短期贷款则用于维护生产和生产周转。所以，这里假设生产线的资金来源于长期贷款，利息按年利率 10%计算。

根据上述公式可以计算出各种生产线生产产品 P1 的投资回收期。计算结果见表 6-3：

表 6-3　　不同生产线生产产品 P1 的投资回收期

生产线	产品	投资/M	安装时间/年	年产能/个	预计单价/M	单位成本/M	毛利/M	维修费/M	利息/M	回收期/年
手工	P1	5	—	4/3	4	2	2	1	0.5	4.29
半自动	P1	8	0.5	2	4	2	2	1	0.8	4.13
全自动	P1	15	1	4	4	2	2	1	1.5	3.72
柔性	P1	20	1	4	4	2	2	1	2	5

注：不同生产线的相关规则见表 9-6，产品成本见表 9-10。

从表 6-3 可以看出，生产 P1 产品，柔性生产线的投资回收期最长，全自动生产线的投资回收期最短。从投资回收期这个指标来看，为生产 P1 产品，投资全自动生产线是最有利的方案。生产其他品种的产品时，不同生产线的投资回收期可以按照上述公式计算，这里不再赘述。

企业在进行生产线投资决策时，除了考虑投资回收期，还需考虑所需资金能否及时筹措到位，以及不同生产线的生产效率和灵活性。生产效率是指生产线在单位时间生产产品的数量（产能），灵活性是指转产新产品时生产线调整的难易程度，包括转产周期和转产费。各类生产线的生产效率和灵活性比较见图 6-1：

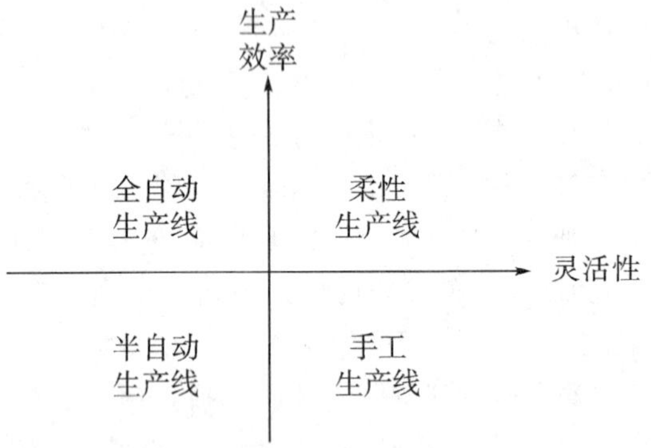

图 6-1　各类生产线的生产效率和灵活性比较

注：不同生产线的相关规则见表 9-6。

生产线开始建设的最佳时点应该是保证产品研发与生产线建设投资同期完成。为了少提折旧，可以选择生产线在某年第一季度建成。从节约费用的角度出发，转产最好选择手工线，其他一般不转产。

6.3.3　无形资产投资决策

ERP 沙盘模拟涉及的无形资产包括市场开拓、产品研发和认证资格研发。无形资产的投资原则应是每个项目投资一旦完成，立即就能发挥积极的作用。

开拓的市场并非越多越好，关键是看能否提升企业的效益。因为市场准入资格的获得需要付出资金及时间代价，如果开发出的市场不能发挥应有的作用，则开发就是失败的。

新产品研发是 ERP 沙盘模拟中的重要环节。新产品的研发一是需要时间，二是需要费用。企业在制定产品研发策略时，决定新产品研发品种的主要因素是企业战略。新产品研发必须与企业战略相协调，根据战略需求逐步开展新产品的研发工作。新产品研发的时机主要取决于企业的生产计划。企业生产某种产品时，必须同时具有该产品的生产资格。因此，企业的生产计划确定了某种产品的首次生产时间，提前相应的研发周期开始该产品的研发工作，既不影响产品的生产，同时又不会提前占用企业资金。

随着市场的发展，顾客对产品质量的要求会越来越高，部分顾客会对生产企业提出 ISO9000 或者 ISO14000 要求，企业要选择合适的时机进行 ISO 资格认证的投资，否则有可能错失很好的市场机会。通常来说，ISO 认证投资不多，全部完成只需要 6M，但可以让企业有更好的质量信誉，企业应该在经营的头几年里完成 ISO 资格认证的投资。

6.4　财务分析

6.4.1　财务分析的概念和作用

财务分析是以企业的财务报告等会计资料为基础，对企业的财务状况、经营成果和现金流量进行分析和评价的一种方法。其目的是为股东、债权人和管理层等会计信息使用者提供更具相关性的会计信息，为会计信息使用者进行财务预测和财务决策提供依据。进行财务分析时，既可以进行单项财务能力分析，也可以进行综合分析。

财务分析可以发挥以下重要作用：

（1）通过财务分析，可以全面评价企业在一定时期内的各种财务能力，从而分析企业经营活动中存在的问题，总结财务管理工作的经验教训，促进企业改进经营活动、提高管理水平。

（2）通过财务分析，可以为企业外部投资者、债权人和其他有关部门和人员提供更加系统的、完整的会计信息，便于他们更加深入地了解企业的财务状况、经营成果和现金流量情况，为其投资决策、信贷决策和其他经济决策提供依据。

（3）通过财务分析，可以检查企业内部各职能部门和单位完成经营计划的情况，考核各部门和单位的经营业绩，有利于企业建立和完善业绩评价体系，协调各种财务关系，保证企业财务目标的顺利实现。

6.4.2　单项财务能力分析

企业的单项财务能力可分为收益力、安定力、活动力和成长力。

6.4.2.1　收益力分析

收益力又称为获利能力，是企业持续存在和发展的必要条件，也是决定和影响企业利润和企业所有者分得的利润多寡的主要因素。

（1）毛利。毛利是销售收入减去销售成本的余额。其计算公式为：

$$毛利=销售收入-销售成本 \tag{6.6}$$

毛利率就是衡量企业毛利在营业收入净额中的比率。其计算公式为：

$$毛利率=\frac{毛利}{营业收入净额}\times 100\% \tag{6.7}$$

其中，营业收入净额是主营业务收入扣除了销售退回、销售折扣及折让后的余额。

企业产品的毛利水平的高低决定了单位产品的盈利能力，也决定了企业在营销、研发上投入的空间大小。

（2）利润率。利润率是指企业一定时期内营业利润同营业收入净额的比值，它反映了企业主营业务的获利能力。其计算公式为：

$$利润率=\frac{营业利润}{营业收入净额}\times 100\% \tag{6.8}$$

由于营业利润是指主营业务利润，并不包括其他业务利润、投资收益、营业外收支，因此，该项指标值越高，则体现主营业务的市场竞争力越强，产品附加值高，盈利空间大，销售策略好，收支管理佳。

（3）总资产收益率。总资产收益率可以衡量企业对其所拥有资源的运用效果，最能显示出企业的经营绩效。该比率越高，表示企业运用经济资源的获利能力越强。其计算公式为：

$$总资产收益率=\frac{息税前利润}{平均总资产} \tag{6.9}$$

（4）净资产收益率。净资产收益率是企业一定时期的净利润与所有者权益平均总额的比值。其计算公式为：

$$净资产收益率=\frac{净利润}{所有者权益平均总额}\times 100\% \tag{6.10}$$

净资产收益率是评价企业盈利能力的一个重要财务比值，它反映了企业所有者获取投资报酬的高低。该比率越高，说明企业的盈利能力越强。

6.4.2.2　安定力分析

安定力分析就是测试企业的经营基础是否稳固、企业财务结构是否合理、偿债能力是否具备。一个企业，如果没有足够的偿债能力，即使收益力再高，也是很危险的。一个企业只有在安定力上过了关，才能有条件和基础去平稳发展。安定力分析包括短期偿债能力分析和长期偿债能力分析。

1. 短期偿债能力分析

（1）流动比率。流动比率是企业流动资产与流动负债的比值。其计算公式为：

$$流动比率=\frac{流动资产}{流动负债} \tag{6.11}$$

流动比率越高，说明企业偿还流动负债的能力越强，流动负债得到偿还的保障越大。但是，流动比率过高也并非好现象，因为流动比率过高，可能是企业滞留在流动资产上的资金过多，未能有效地利用，进而会影响企业的盈利能力。根据经验，流动比率在 2 左右比较合适。但还应该考虑不同的行业特点、流动资产结构及各项流动资产的实际变现能力等因素，不可一概而论。

（2）速动比率。流动资产中各项目的变现能力不尽相同。存货需经过销售才能转变为现金，如果存货滞销，则其变现就成问题，所以存货是流动资产中变现能力相对较差的资产。如果存货在流动资产中所占比重较大，即使流动比率较高，企业的短期偿债能力也不强。因此，需要撇开变现能力较差的存货，更谨慎地判断企业的短期偿债能力。一般来说，流动资产扣除存货后的资产称为速动资产。速动资产与流动负债的比值称为速动比率。其计算公式为：

$$速动比率=\frac{速动资产}{流动负债}=\frac{流动资产-存货}{流动负债} \tag{6.12}$$

速动比率越高，说明企业的短期偿债能力越强。根据经验，一般认为速动比率为 1 比较合适。但在实际分析时，应该根据行业特点和其他因素来综合判断，不可一概而论。另外，应收账款的变现能力是影响速动比率可信度的重要因素。如果企业的应收账款中有较大部分不易收回，可能会成为坏账，那么速动比率就不能真实地反映企业的偿债能力。因此，在使用速动比率分析企业的短期偿债能力时，应结合分析应收账款的变现能力。

2. 长期偿债能力分析

（1）资产负债率。资产负债率是企业负债总额与资产总额的比值，说明企业的资产总额中有多大比例是通过举债而得到的。其计算公式为：

$$资产负债率=\frac{负债总额}{资产总额}\times 100\% \tag{6.13}$$

资产负债率反映企业偿还债务的综合能力。该比率越高，企业偿还债务的能力越差，财务风险越大；反之，偿还债务的能力越强。

（2）权益乘数。权益乘数表明资产总额是所有者权益总额的多少倍，反映了企业财务杠杆的大小。权益乘数越大，说明所有者投入的资本在资产中所占比重越小，财务杠杆越大。其计算公式为：

$$权益乘数=资产总额/所有者权益总额 \tag{6.14}$$

（3）固定资产长期适配率。固定资产长期适配率表明企业固定资产与长期资本的配置状况，是判断企业资源配置平衡协调性、财务状况稳定性、筹资运营策略合理性的重要指标。其计算公式为：

$$固定资产长期适配率=\frac{固定资产}{长期负债+所有者权益} \tag{6.15}$$

这个指标应该小于 1，说明购建固定资产应使用还债压力较小的长期贷款和所有者权益这些长期资金。这是因为固定资产建设周期长，且固化的资产不能马上变现。如果使用短期贷款来购建固定资产，若短期内不能顺利实现产品销售而带来现金回笼，势必造成还款压力。

6.4.2.3 *活动力分析*

企业活动力又称营运能力，是指企业对现有资产的利用能力和经营效率。如果企业活动力强，经营效率高，资产被充分利用，那么只要销售利润率稍微提高一点，就可使总资产收益率大幅提高。

1. 应收账款周转率

应收账款周转率是企业一定时期赊销收入净额与应收账款平均余额的比值。其计算公式为：

$$应收账款周转率=\frac{赊销收入净额}{应收账款平均余额} \tag{6.16}$$

应收账款周转率反映了应收账款在一个会计年度内的周转次数，可以用来分析应收账款的周转速度和管理效率。该比率越高，说明应收账款的周转速度越快、流动性越强，可以减少坏账损失，提高资产的流动性，企业的短期偿债能力也会得到增强，这在一定程度上可以减少流动比率低的不利影响。

2. 存货周转率

存货周转率是企业一定时期的营业成本与存货平均余额的比值。其计算公式为：

$$存货周转率=\frac{营业成本}{存货平均余额} \tag{6.17}$$

存货周转率测定企业存货的变现速度，衡量企业的销售能力和存货使用效率。该比率越高，说明存货周转速度越快，销售顺畅，存货上占用的资金越少，存货流动性好，资金利用率高。

3. 固定资产周转率

固定资产周转率是企业营业收入净额与固定资产平均净值的比值。其计算公式为：

$$固定资产周转率=\frac{营业收入净额}{固定资产平均净值} \tag{6.18}$$

固定资产周转率主要用于分析企业对厂房、设备等固定资产的利用效率。该比率越高，说明固定资产的利用率越高，管理水平越高。

4. 总资产周转率

总资产周转率是企业营业收入净额与资产平均总额的比值。其计算公式为：

$$总资产周转率=\frac{营业收入净额}{资产平均总额} \tag{6.19}$$

总资产周转率可用来分析企业全部资产的使用效率。如果这个比率较低，说明企业利用其资产进行经营的效率较差，会影响企业的盈利能力，企业应该采取措施提高销售收入或处置资产，以提高总资产利用率。

6.4.2.4 成长力分析

成长力也称发展力，是指企业在从事经营活动过程中所表现出的增长能力。成长力分析主要考察企业各项指标的增长状况，考察企业的发展前景。

1. 收入增长率

收入增长率是企业本年营业收入增长额与上年营业收入总额的比值。其计算公式为：

$$收入增长率=\frac{本年营业收入增长额}{上年营业收入总额}\times 100\% \tag{6.20}$$

收入增长率反映了企业营业收入的变化情况，是评价企业成长性和市场竞争力的重要指标。该比率大于零，表示企业本年营业收入增加；反之，表示营业收入减少。该比率越高，说明企业营业收入的成长性越好，企业的发展能力越强。

2. 利润增长率

利润增长率是指企业本年利润总额增长额与上年利润总额的比值。其计算公式为：

$$利润增长率=\frac{本年利润总额增长额}{上年利润总额}\times 100\% \tag{6.21}$$

利润增长率反映了企业盈利能力的变化。该比率越高，说明企业的成长性越好，发展能力越强。

3. 净资产增长率

净资产增长率是指企业本年所有者权益增长额与年初所有者权益总额的比值。其计算公式为：

$$净资产增长率=\frac{本年所有者权益增长额}{年初所有者权益总额}\times 100\% \tag{6.22}$$

净资产增长率反映了企业当年所有者权益的变化水平，体现了企业资本的积累能力，是评价企业发展潜力的重要财务指标。该比率越高，说明企业资本积累能力越强，企业的发展能力也越强。

6.4.3 杜邦分析法

6.4.3.1 杜邦分析法的原理

影响企业财务状况的内部各种因素都是相互依存、相互作用的，任何一个因素的变动都会引起企业整体财务状况的改变。因此，财务分析者在进行财务状况综合分析时，必须深入了解企业财务状况内部的各项因素及其相互之间的关系，这样才能比较全面地揭示企业财务状况的面貌。

杜邦分析法就是通过对净资产收益率这个综合性指标进行层层分解，将其分解为反映企业各方面情况的若干财务指标，以全面、系统地反映企业的财务状况以及财务状况这个系统内部各个因素之间的相互关系，从而揭示出企业过去的盈利能力及其变动原因，为未来提高盈利能力应采取的措施指明方向，如图 6-2 所示。

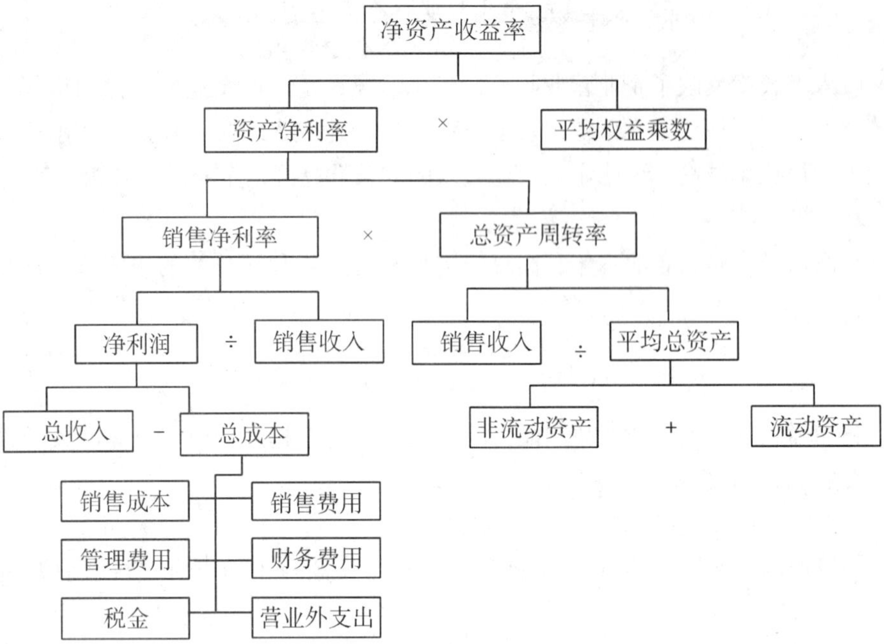

图 6-2　杜邦分析系统图

6.4.3.2　提高股东权益报酬率的途径

在杜邦分析系统中，净资产收益率是一个综合性极强、最有代表性的财务比率，它是杜邦分析系统的核心。企业财务管理的重要目标就是实现股东财富的最大化，净资产收益率恰恰反映了股东投入资金的盈利能力，反映了企业筹资、投资和生产运营等各方面经营活动的效率。根据杜邦分析系统，净资产收益率的高低取决于销售净利率、总资产周转率和权益乘数。所以，提高净资产收益率可以从以下几个途径入手：

1. 提高销售净利率

从企业的销售活动来看，一方面，企业应积极开拓市场，改善经营结构，扩大销售量，提高销售收入；另一方面，企业应降低各种成本费用，合理安排成本结构。这样才能使净利润的增长高于销售收入的增长，从而使销售净利率得到提高。

2. 提高总资产周转率

从企业的资产管理来看，一方面，企业应调整资产结构，使流动资产与非流动资产的比例合理。资产结构实际上反映了企业资产的流动性，它不仅关系到企业的偿债能力，也会影响企业的盈利能力。另一方面，企业应加快资产周转，降低资金的占用。资产周转速度直接影响到企业的盈利能力，如果企业资产周转较慢，就会占用大量资金，增加资本成本，减少企业的利润。

3. 提高权益乘数

权益乘数反映了企业的筹资情况和企业利用财务杠杆的程度，即企业的资本结构。企业负债越多，权益乘数就越高。如果企业为负债所支付的利息率低于资产息税前利润，举债经营就能发挥财务杠杆的积极作用，给所有者带来额外的收益。此时举债越多，所有者取得的投资报酬就越多。当然，同时这也带来了较大的财务风险。所以，在经营有利的情况下，企业开展适度的举债经营，提高权益乘数，能达到提高净资产收益率的目的。

杜邦分析法和其他财务分析方法一样，关键不在于指标的计算而在于对指标的理解和运用。下面以某公司为例，说明如何运用杜邦分析法，揭示出企业过去的盈利能力及其变动原因，为经营管理者提高未来盈利能力应采取的措施指明方向，如图 6-3 和图 6-4 所示。（假定该公司无营业外收入）

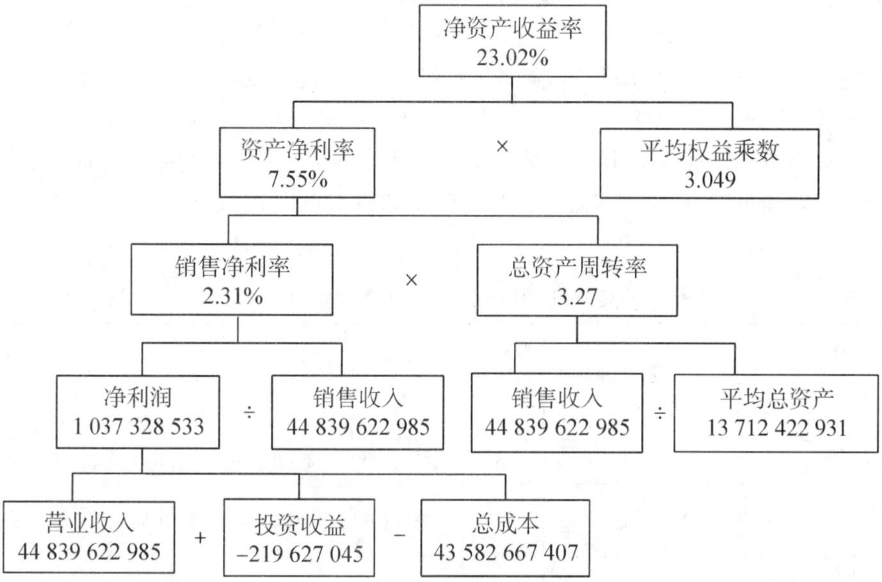

图 6-3　某公司 2011 年的杜邦分析图（单位：元）

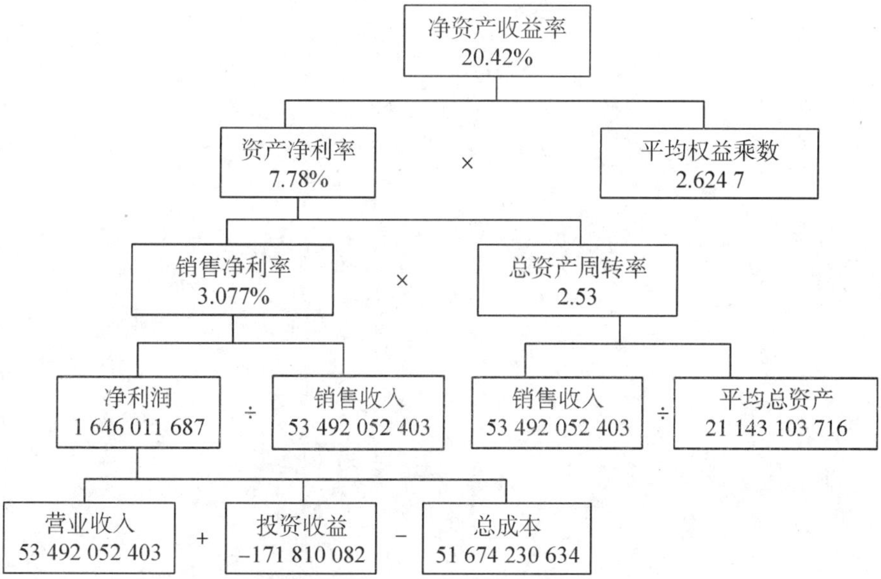

图 6-4　某公司 2012 年的杜邦分析图（单位：元）

从表 6-4 可以看出，该公司 2019 年净资产收益率与 2018 年相比下降主要是平均权益乘数和总资产周转率下降导致的。该公司 2019 年的收入增长高于全部成本的增长幅度，再加上当期投资产生的亏损比上年有所减少，2019 年的净利润比 2018 年增长了 58.68%。但该公司在 2019 年盈利能力增强的同时，平均权益乘数下降了 13.92%，这说明负债资金在总资金中所占比重下降，该公司没有发挥财务杠杆的积极作用。另外，2019 年的总资产周转率比 2018 年下降了 22.63%，这意味着总资产的周转速度变慢，资产利用效率降低。因此，该公司目前的盈利能力水平较高，能保持稳定的营业收入，总的发展保持平稳状态，这是它的优势。当前最为重要的就是在盈利能力较高的情况下，该公司要适度扩大举债规模，充分利用财务杠杆，提高净资产收益率；同时，研究资产的构成情况，使长短期资产合理搭配，避免不必要的资金占用；还要进一步分析主要资产项目的周转率，找出导致总资产周转率下降的主要资产项目及其原因，采取措施加快周转率低的资产的周转速度，从而提高总资产的周转率和资金的利用效率，最终提高净资产收益率。

表 6-4　　某公司 2018—2019 年主要财务指标　　金额单位：元

	净资产收益率	资产净利率	平均权益乘数	销售净利率	总资产周转率	净利润	营业收入	总成本	投资收益
2018 年	23.02%	7.55%	3.049	2.31%	3.27	1 037 328 533	44 839 622 985	43 582 667 407	−219 627 045
2019 年	20.42%	7.78%	2.624 7	3.077%	2.53	1 646 011 687	53 492 052 403	51 674 230 634	−171 810 082
增减情况	−2.6%	+0.23%	−0.424 3	0.767%	−0.74	+608 683 154	+8 652 429 418	+8 091 563 227	+47 816 963
增减幅度	−11.29%	+3.04%	−13.92%	+33.20%	−22.63%	+58.68%	+19.3%	+18.57%	+21.77%

7 企业团队管理方法

随着企业管理工作的复杂性日益增强，很多工作难以靠个人独立完成，必须发挥团队合作的力量才能完成。因此，企业若能善用团队管理，就能充分激发成员潜能、增进成员之间的认同度、提升组织效率与效能。

7.1 团队建设与管理方法

7.1.1 团队的组建

有这样一个寓言故事：

从前，有一只可爱的兔子，在一个山洞口专心致志地打字。这时，一只狡猾的狐狸一蹦一跳地来到他的面前说："兔子，你给我马上放下你手里的活，我要吃了你！"兔子镇定地说："你别着急，等我把这篇论文写完，你再吃我也不迟。"狐狸非常奇怪："你个小样的，你能写出什么论文？""我的论文题目是《兔子为什么比狐狸更强大》。"兔子一本正经地说，"如果你不信，我可以证明给你看，请跟我来。"

他把狐狸领进山洞，狐狸再也没有出来……

兔子继续在山洞口打字，此时，又有一只狼跳到他的面前："兔子，你给我住手，我要吃了你！"兔子又不慌不忙地说："狼先生，请你等一会儿，等我把这篇论文写完，你再吃我也不迟。"狼也非常诧异："你能写什么论文？"兔子说："我的论文题目是《兔子为什么比狼更强大》。"兔子同样对狼说，"如果你不信，我可以证明给你看。"

兔子又把狼领进山洞，狼也没有出来……

过了一会儿，兔子和一只狮子走出了山洞，狮子打着饱嗝说："我的兔子宝贝，你今天干得不错，你让我吃到了非常丰盛的美餐。谢谢！"

这个由兔子和狮子组成的团队故事告诉我们，在团队建设中，个体通过相互配合、相互作用形成合力，最终得以实现目标。

ERP 沙盘模拟实训虽说是模拟企业六年的经营，但盘面上的运作却只有短短几天的时间。一个临时组成的管理团队，能否在最短的时间内进入角色，并且在 CEO 的统一指挥下，各司其职，协调有效地运作，是决定模拟企业最终经营成果的关键要素。这就要求模拟企业在开始运营之前，建立一支优秀的团队。

那么，怎样组建一支优秀的团队呢？具体应该做到以下几点：

1. 确立一个共同的目标

这个目标必须是团队的全局目标，能够和团队成员的个人目标一致。当个人目标和团队目标一致的时候，团队目标可以使团队的成员朝相同的方向努力，能够激发每个团队成员的积极性，并且使队员行动一致。团队要将总体的目标分解为具体的、可度量的、可行的行动目标。这些具体的目标和总体目标要紧密结合，并且要根据情况随时进行相应的修正。

2. 选择能力互补的团队人员

在组建团队时，团队管理者必须明确完成任务、达成目标需要什么样的人才，并据此挑选合适的人选。一般来说，优秀的团队是由优势互补的成员组成的，成员之间分工明确，人职匹配。

3. 培养团队成员协作共赢的团队意识

团队中的每个人每天的大部分时间都是和同事在一起的，切实加强同事之间的默契、关心，使团队成员遇事多为他人着想，这样更有利于构建团结、和谐的工作环境，造就优秀的高绩效团队。

4. 增进团队成员的归属感和认同感

责任和挑战是每个人工作的动力，但这种动力只有致力于部门的全局目标时，才能产生共振，才能取得更大成绩。“积少成多”“集腋成裘”，集体的能量才是更强大的。只有每个人都有强烈的团队意识，对整个团队有强烈的归属感和认同感，觉得大家就是一个整体，大家所做的每一件事、所说的每一句话都影响着团体时，他们才能对团队负责。

5. 确定团队领导

组建团队时，不一定需要最高层参与，但是最好由高层领导派一名经验丰富的助手参与，一方面是为了表示对团队的重视，激发员工积极性；另一方面，便于团队小组与外界的协调与交流。组建团队并不意味着在每件事上都进行全面协商，由于团队组织中的成员都有自己的钻研方向，因此在成员能自己做出最佳判断及完成自己那份任务时，组长应对他加以信任，授予一定的权利，而不是事事加以干涉。

6. 建立有效的沟通机制，营造相互信任的组织氛围

在日常工作中要保持团队精神与凝聚力，沟通是一个重要环节。畅通的沟通渠道、频繁的信息交流，使团队的每个成员都不会有压抑的感觉。要发挥“1+1>2”的团队合作作用，建立团队内部的沟通机制是必不可少的，除了组织大家一起开会沟通之外，还可采取笔头形式或者团队组长亲自找每个成员沟通的形式。在沟通时，要注意形成民主氛围。从情感上相互信任，是一个组织最坚实的合作基础，能给成员一种安全感，这样成员才可能真正认同团队，最终实现团队目标。

7. 提升规章制度的执行力

为使团队小组有效地发挥作用，团队组织应建立一套激励机制，充分调动成员的积极性及热情，共同为达成目标而努力。建立好的规章制度需要团队中的每一名成员不折不扣地去执行，特别是团队的领导者要带头执行好、落实好。典范

作用是建立领导权威的最主要因素。领导者通过自身对规章制度、纪律的自觉执行，逐步建立起领导的威信，从而保证管理中组织、指挥的有效性，下级也会自觉按照行为规范要求自己，形成团队良好的风气和氛围。良好的激励机制能使团队作为一个整体，提高生产力及合作的质量。

7.1.2 团队管理方法

木桶理论是由美国著名的管理学家劳伦斯·彼得提出的，其内容大致为：一个由许多块长短不同的木板箍成的木桶，决定其容水量大小的并非其中最长的那块木板或全部木板长度的平均值，而是其中最短的那块木板。因此，要想提高木桶整体效应，不是增加最长的那块木板的长度，而是要下功夫补齐最短的那块木板的长度。而随后衍生的新木桶理论认为：一只木桶能够装多少水，不仅取决于每一块木板的长度，还取决于木板间的结合是否紧密，以及这个木桶是否有坚实的底板。底板不但决定这只木桶能不能容水，还能限制容多大体积和重量的水，而木板间如果存在缝隙，或者缝隙很大，同样无法装满水，甚至到最后一滴水都没有。

现代企业的团队管理与新木桶理论有着异曲同工之妙：一个团队的战斗力，不仅取决于每一个成员的水平，也取决于成员与成员之间协作与配合的紧密度，同时团队给成员提供的平台也至关重要。

团队能够做出多大的成绩，主要取决于三方面的因素：第一，团队中每个成员自身的素质水平；第二，团队成员之间相互团结协作的能力；第三，团队给其成员所能提供的展示平台。借鉴新木桶理论的内涵，团队可通过采用各种措施对上述三个限制性因素进行调整，以增强团队的整体实力，进而提高团队的工作绩效。

1. 正确看待团队成员的自身素质水平

在团队管理过程中，尽管主管部门对团队成员进行了一系列筛选，但是成员的素质水平还是不一样的，因此在工作任务安排的过程中，正确对待不同素质水平的成员对团队的整体发展有着至关重要的影响。

遵循“补短板”原则，提高水平较低团队成员的素质与能力。“木桶原理”指出桶的盛水量取决于最短的那块木板，为了增加木桶的盛水量，就需要补齐短板。对于团队管理来说，对工作能力最弱的成员最明智的做法是对他们的关注和关爱，而不是一味地让他们承担责任以及对他们排斥与批评，团队应该创造条件和机会让他们尽快提高自身素质，融入团队中。

遵循“拉长板”原则，进一步提升高水平成员的工作能力。在社会竞争中，一个团队想要在竞争中取得全面性竞争优势是不太现实的。因此，对于团队中的高素质成员，要充分集中他们的优势，形成团队自己的鲜明特点，培养团队的差异化优势。

从木桶理论的基本原则来看，在团队管理中应将“补短板”与“拉长板”并重，充分发挥每位成员的能力。一个团队，在不断补齐“短板”让团队均衡发展的同时，还要注意“拉长板”形成团队的差异化优势，这样才能使团队在竞争中处于优势地位。

2. 加强成员间的团结协作，增强团队的凝聚力

新木桶理论告诉我们，即使构成木桶的各个木板都一样高，但是如果木板间有缝隙，那么木桶的盛水量还不如没有缝隙而有短板的木桶。由此可见，团队的凝聚力、团队成员间的团结协作是非常重要的。对于一个团队来讲，成员的专业背景、年龄、工作习惯等各不相同，每个成员都可能会有这样或那样的缺点，但只要这些成员能够相互配合、协作，取长补短形成成员间的优势互补，达到最佳的协调状态，那么每个成员自身的缺点是毫不影响整个团队的完美的。

在新木桶理论中，箍桶原理也是其重要组成内容。桶箍是各木板间紧密有效连接的保证。没有桶箍，那就只能是一堆木板而形不成一只木桶。桶箍的好坏直接影响着木桶质量。如果桶箍太松，木板间会有缝隙，那么木桶就会漏水；如果桶箍太紧，超出木板所能承受的强度，木桶就会裂开。因此，在进行团队管理时，要加强内部管理控制，但要注意松紧适度，既要让团队成员团结在一起，又不能造成相互之间的矛盾冲突。

有效、合理地对团队成员进行控制，加强团队成员之间的协作，同时发挥团队成员的主动性是高效完成团队事务的重要条件。

3. 重视团队的基础平台建设

一只没有桶底的木桶肯定是无法盛水的，而一只桶底不结实的木桶，在其盛水量不断增加时，就会因为承受不了增大的压力而破损。因此，一只木桶能盛多少水取决于木桶桶底的承受力，即桶底制约着木桶盛水量的增长。在团队中，团队的基础管理——团队的制度建设和行为规范就犹如桶底。一般情况下，任何团队都有相对完善的管理制度，但能够彻底执行制度的团队却寥寥无几。团队建设绝不能忽视自身的制度建设与制度的执行。在完善的制度下，团队成员共同思考，统一行动，形成一种行为习惯，这种习惯经过升华，会形成一种团队精神，这种团队精神会促进团队的进一步发展。

7.2 团队沟通的重要性及有效方法

7.2.1 团队沟通的重要性

沟通是一种态度，是信息交换、意义传达、表达感情的过程。沟通是团队协作完成工作的必要手段，是就双方的意见进行交流，并在交流的基础上达成一致的过程。

团队成员间和谐的关系有利于团队任务的完成，而他们之间的沟通则有利于关系的建立和维持。沟通是实践各项管理职能的主要方式、方法、手段和途径。沟通不仅存在于横向的管理活动的全部过程，而且更存在于纵向的管理活动的各个层次。当团队的运行或管理出现了问题，部门之间、领导者之间、成员之间必须通过良好的有效沟通，才能找准症结，通过分析、讨论、确定方案，及时将问

题解决。沟通是创造和提升团队精神和企业文化，实现共同目标的主要途径和工具。显然，沟通是维持团队良好的状态，保证团队正常运行的关键过程与行为。

在ERP沙盘模拟实训中，销售、生产、采购、财务各个部门之间的工作环环紧扣，息息相关，这就需要CEO和各职能主管之间加强沟通、协作配合。如果缺乏沟通，势必造成各自为政、效率低下的局面，而无效的沟通往往会导致争论不休、决策失误的后果。因此，运用积极有效的沟通技巧，发挥每位成员的影响力，培养成员之间的信任，在团队协作中至关重要。

7.2.2 团队沟通的有效方法

在沟通过程中，人们会经常被置于两难的境地：他们一方面想通过这一过程满足需求，而另一方面又害怕与人沟通。在一个团队中，不同的人对不同的事物有不同的理解，再加上复杂的人际关系，就使得沟通更加复杂。如果团队中有一个人不同意你的看法，那其他人的态度又会如何？我们知道，团队沟通的目的在于每个成员能分摊领导职能，追求目标。在这一过程中，我们必须使用各种沟通技巧，如语言的、非语言的、倾听的以及各种提问等。任务、信息和团队目标越复杂，沟通技巧对团队的成功就越重要。具体来说，团队有效沟通的方法包括以下几种：

第一，让倾听者产生反馈行为，进行语言沟通。沟通的最大障碍在于成员误解或者对管理者的意图理解得不准确。在工作过程中，我们可能常常遇到这种现象，管理者对下属布置工作时往往说得口干舌燥，滔滔不绝，但结果却出现了沟通漏斗问题，即心中想的是100%，嘴里说出来变成80%，对方听到60%，听懂40%，接纳20%。事实上，这种沟通问题通过有效的方法是完全可以避免的。如果管理者在与下属沟通结束后，特意加上一句话“你明白我的意思吗?”，要求下级对上级布置的任务进行复述，在下属复述的过程中，上级及时指出下级理解错误的地方，就可以有效避免沟通漏斗问题。同时，这样的双向交流，可以加强下级对上级的正确理解，纠正认识上的偏差。

第二，沟通要有多变性。团队中的成员由于年龄、性别、受教育程度、专业以及工作分工的不同，会存在对同一句话、一份文件或其他东西理解上的千差万别。所谓“仁者见仁，智者见智”，不同阅历的人想问题的角度、出发点及所站的立场也不同。因此，沟通要变得有效，需讲求语言的方式。“到什么山上唱什么山歌”“入乡随俗”或许让你感到有些难以适从，但是，你必须学会调整状态，适宜地改变交流方式。多样性的语言有助于团队成员进行对话及深入交流，达到沟通目的。

第三，要学会积极倾听，做忠实的听众。沟通是一个双向的行为，沟通双方一个要善于表达，一个要善于倾听，通过双方沟通、倾听、反馈，再沟通、倾听、反馈的循环交流过程，才能明确沟通的主题和问题的解决办法。沟通就是一个互动的过程，沟通的双方只有积极配合，才能使沟通的目的得以实现。当沟通的一方兴致勃勃、绘声绘色向对方讲一个故事或传达一个好消息时，倾听一方的反应却是心不在焉，那么沟通者的讲话兴趣必定会大打折扣，因为对方的反应让沟通者觉得对方对自己的话题不感兴趣，他的“话匣子”就可能因此而“合”住，沟通便变得不顺畅，出现人为的阻碍。为了使信息及时、有效地在双方之间传递，沟通者必须学会倾听，在对方有意与你进行沟通时，可以采用非语言沟通，如：用积极的目光注视对方，在他讲述的过程中适时地点点头，适当的面部表情，不要看表和翻阅文件，更不要拿着笔乱画乱写，并且向他提问你所不明白的地方，这样会让他认为你在关注他的话，你的重视，会增强他的诉说欲，他也会乐意向你提供更多的信息，你在此沟通过程中也能准确、完整地得到他想给你传达的信息。

第四，做好沟通前的准备工作，明确沟通内容。缺乏沟通前的准备工作，势必造成沟通过程中“东扯葫芦西扯瓢”的局面，既浪费了双方的工作时间，又不利于问题的解决。因此有效的沟通要有清晰的沟通主线、明确的沟通主题。沟通者要事先安排好沟通提纲，先讲什么，后说什么，做到心中有数；同时，还要讲求沟通的艺术性，比如说管理者与下属沟通时，首先要考虑到人的心理承受能力，先肯定其成绩和好的方面，再指出其不足及改进方向等。

第五，在沟通过程中，要注意减少沟通的层级。因为参与信息传递者越多，信息失真性越大，因此，沟通双方最好是直接面谈，这样才能使信息及时、有效地传递，达到沟通的目的。

7.3 团队冲突与处理方法

7.3.1 团队冲突的含义与类型

所谓冲突，是指至少两个个体在实现各自目标的过程中，其中一方察觉到了彼此目标的互不相容、资源的不足和来自另一方的阻挠，并通过斗争的形式表现出来。

20世纪40年代之前的传统观点认为，所有的冲突都是不良的、消极的，有破坏性的，必须避免或尽量减少。因为冲突意味着意见分歧和对抗，势必造成组织、团队、个体之间的不和，破坏良好关系，影响团队目标和组织目标的实现。从20世纪40年代末到70年代中期，人际关系观点在冲突理论中非常流行。该观点认为，对于所有团队与组织，冲突都是与生俱来、无法避免的。因此，我们应该接纳冲突，发挥其对团队和组织的有益之处。从20世纪70年代末至今，冲突的互动观点成为主流观点。该观点指出，过于融洽、和谐、安宁和合作的组织容易对变革表现出静止、冷漠和迟钝，因此可能使组织缺乏生机和活力，适当的冲突反而有利于组织的健康发展，即通常所说的“鲶鱼效应”。

团队冲突，指的是团队内部成员之间、成员与团队之间、团队与团队之间在目标、利益、认识等方面互不相容或互相排斥，从而产生心理或行为上的矛盾，引起对立或不一致的相互作用的任何一个状态，导致抵触、争执或攻击事件。

从冲突的性质来看，团队冲突可以分为两类：建设性冲突与破坏性冲突。

建设性冲突的特点主要有：冲突双方对实现共同的目标都十分关心；彼此乐

意了解对方的观点、意见；大家以争论问题为中心；互相交换情况不断增加。

破坏性冲突的特点主要有：双方对赢得自己观点的胜利十分关心；不愿听取对方的观点、意见；由问题的争论转为人身攻击；互相交换情况不断减少，以致完全停止。

一般来说，组织内部的团队之间需要适当的建设性冲突，破坏性冲突则应该被减少到最小程度。

7.3.2 团队冲突的原因

导致团队冲突的原因有很多，主要有以下几种。

7.3.2.1 资源竞争

组织在分配资源时，总是按照各个团队的工作性质、岗位职责、在组织中的地位以及组织目标等因素分配资金、人力、设备、时间等资源，不会绝对公平。各类团队在成员数量、权力大致相同的情况下，会为了组织内有限的预算、空间、人力资源、辅助服务等资源而展开竞争，产生冲突。例如，企业里生产部门与销售部门的冲突；研发部门与财务部门的冲突。另外，团队之间可能会共用一些组织资源，但是在具体使用的过程中会出现谁先谁后、谁多谁少的矛盾。

7.3.2.2 目标冲突

每一个团队都有自己的目标，而这些目标都是为了实现组织的目标，因此，每个团队都需要其他团队的协作。比如，市场营销部门要实现营销目标，就必须得到生产部门、财务部门、人事部门、研发部门的配合与支持。但现实情况是，各个团队的目标经常发生冲突。例如，营销部门的目标是吸引客户，培养客户忠诚，这就要求生产部门生产出质优价廉的商品。而生产部门的目标是降低成本，减少开支，以尽可能少的资源生产尽可能多的商品，而这就不能保证商品优质。因此，营销部门与生产部门就可能发生目标冲突。

7.3.2.3 相互依赖性

相互依赖性包括团队之间在前后相继、上下相连的环节上，一方的工作不当会造成另一方工作的不便、延滞，或者一方的工作质量影响另一方的工作质量和绩效。组织内的团队之间都是相互依赖的，不存在完全独立的团队。相互依赖的团队之间在目标、优先性、人力资源方面越是多样化，越容易产生冲突。例如，生产部门希望采购部门尽可能增加存货，以便在生产需要时能及时获得原材料。而采购部门希望尽可能减少存货，以降低仓储费用。生产部门与采购部门的这种相互依赖性反而可能导致冲突。

7.3.2.4 责任模糊

组织内有时会由职责不明造成职责出现缺位，出现谁也不负责的管理“真空”地带，造成团队之间的互相推诿甚至敌视的情况。

7.3.2.5 地位斗争

组织内团队之间对地位的不公平感也是产生冲突的原因。当一个团队努力提高自己在组织中的地位，而另一个团队视其为对自己地位的威胁时，冲突就会产生。在权力与地位不同的团队之间也会发生冲突，例如管理层与工人、主管和员工都可能因为立场的不同而发生冲突。

7.3.2.6　沟通不畅

团队之间的目标、观念、时间和资源利用等方面的差异是客观存在的，如果沟通不够，或沟通不成功，就会加剧团队之间的隔阂和误解，加深团队之间的对立和矛盾。美国在 1998 年发射火星气候探测器失败，正是由于负责项目的两组科学家分别使用了公制单位和英制单位。

7.3.3　团队冲突的处理方法

托马斯·基尔曼的冲突管理模型以对自我的关注度和对其他人的关注度高低来进行划分，确定了五种主要的冲突管理风格：竞争型、调和型、分享型、合作型和规避型，如图 7-1 所示。五种人际冲突处理方式代表了武断性和合作性的不同组合。

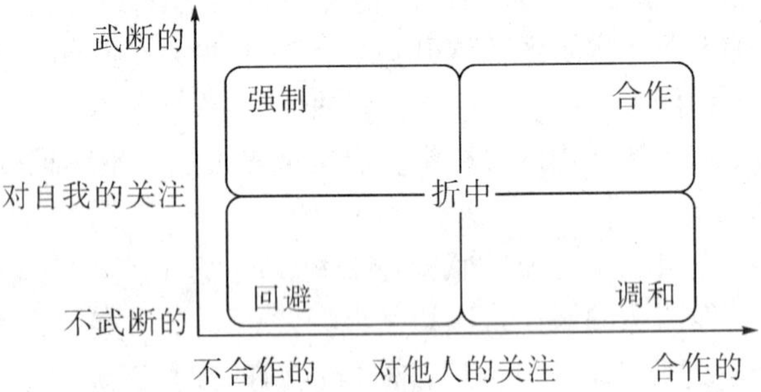

图 7-1　冲突管理风格

第三篇　实战篇

8　模拟企业概况

8.1　模拟企业简介

8.1.1　模拟企业经营概况

在 ERP 沙盘模拟课程中，模拟企业是一个生产制造型的企业，其生产产品用 P 表示，即 P 系列产品：P1、P2、P3 和 P4。该企业长期以来一直专注于某行业 P 系列产品的生产与经营，目前 P1 产品在本地市场具有一定知名度和市场份额，且企业拥有自己的厂房和设备。最近，一家权威机构对该行业的发展前景进行了预测，认为 P 系列产品将会从目前的相对低技术含量产品发展为一个高技术含量产品。为了适应技术发展的需要，公司董事会及全体股东决定将企业交给一批优秀的新人去发展（模拟经营者），他们希望新的管理层能完成以下工作：

①投资新产品的开发，促进公司的产品多样化，提升市场地位；

②开发本地市场以外的其他新市场，进一步拓展市场领域；

③扩大生产规模，采用现代化生产手段，努力提高生产效率；

④加强团队建设，提高组织效率，增强企业的凝聚力与竞争力。

简而言之，随着 P 系列产品从一个相对低技术含量产品发展为高技术含量产品，新的管理团队必须要创新经营、专注经营，才能达成公司董事会及全体股东的期望，实现良好的经营业绩。

8.1.2　模拟企业经营环境

目前，该企业生产制造的产品几乎全部在本地销售，董事会和股东认为在本地以外以及国外市场上的机会有待发展，董事会希望新的管理层去开发这些市场。同时，P1 产品在本地市场知名度很高，然而要进一步提升市场地位，企业必须投资新产品开发。在生产设施方面，目前的生产设施状态良好，但是在发展目标的驱使下，预计必须投资额外的生产设施。具体方法可以是建新的厂房或将现有的生产设施现代化。

在行业发展状况方面，P1 产品由于技术水平低，虽然近几年需求较旺，但未来将会逐渐下降。P2 产品是 P1 产品的技术改进版，虽然技术优势会带来一定增长，但随着新技术的出现，其需求最终会下降。P3、P4 产品为全新技术产品，发展潜力很大。据权威机构调研预测，未来 6 年各个市场需求和产品价格将呈现较大的差异。下面我们根据不同的目标市场进行详细分析。

8.1.2.1　本地市场分析

如图 8-1 所示（左图纵坐标表示数量，横坐标表示年份；右图纵坐标表示价格，横坐标表示年份），本地市场将会持续发展，客户对低端产品的需求可能会下滑。伴随着需求的减少，低端产品的价格很有可能会逐步走低。后几年，随着高端产品的成熟，市场对 P3、P4 产品的需求将会逐渐增大。同时随着时间的推移，客户的质量意识将不断提高，后几年可能会对厂商是否通过 ISO9000 认证和 ISO14000 认证有更多的要求。

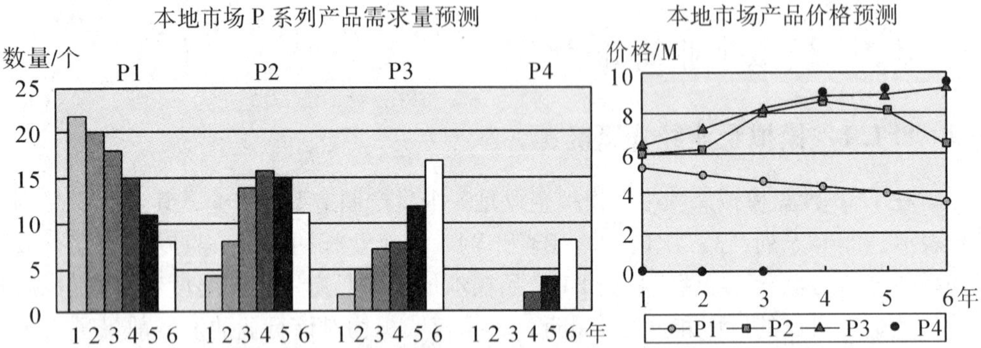

图 8-1　本地市场预测图

8.1.2.2　区域市场分析

如图 8-2 所示，区域市场的客户对 P 系列产品的喜好相对稳定，因此，市场需求量的波动也很有可能会比较平稳。因其紧邻本地市场，所以产品需求量的走势可能与本地市场相似，价格趋势也大致一样。该市场的客户比较乐于接受新的事物，因此对于高端产品也会比较有兴趣。但由于受到地域的限制，该市场的需求总量非常有限，并且这个市场上的客户相对比较挑剔，因此，在以后几年，客户会对厂商是否通过 ISO9000 认证和 ISO14000 认证有较高的要求。

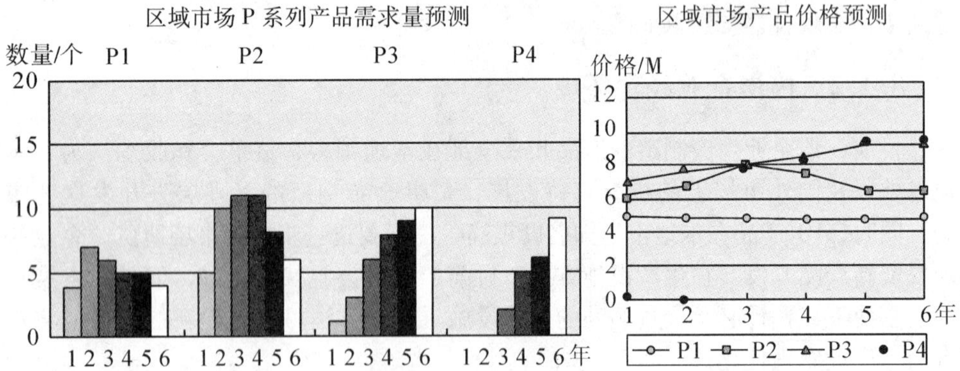

图 8-2　区域市场预测图

8.1.2.3 国内市场分析

如图 8-3 所示，因为 P1 产品带有较浓的地域色彩，估计国内市场对 P1 产品不会有持久的需求。但 P2 产品因为更适合于国内市场，所以估计需求会一直比较平稳。随着对 P 系列产品新技术的逐渐认同，估计对 P3 产品的需求会发展较快，但这个市场上的客户对 P4 产品却并不是那么认同。当然，对于高端产品来说，客户一定会更注重产品的质量保证。

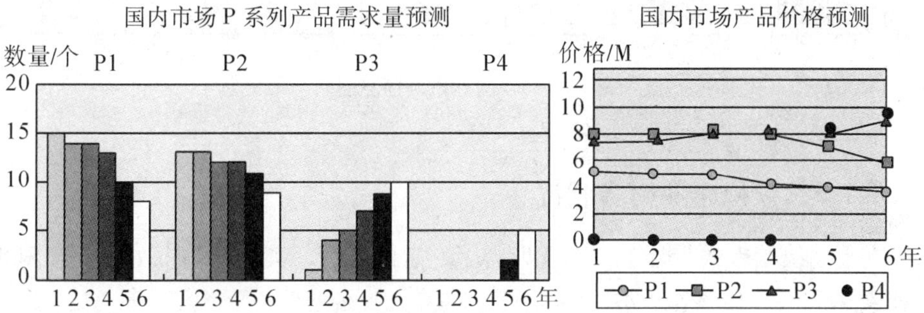

图 8-3 国内市场预测图

8.1.2.4 亚洲市场分析

如图 8-4 所示，这个市场上的客户喜好一向波动较大，不易把握，所以对 P1 产品的需求可能起伏较大，估计 P2 产品的需求走势也会与 P1 产品相似。但该市场对新产品很敏感，因此估计对 P3、P4 产品的需求会发展较快，价格也可能不菲。另外，这个市场的消费者很看重产品的质量，所以在以后几年里，如果厂商没有通过 ISO9000 和 ISO14000 的认证，其产品可能很难销售。

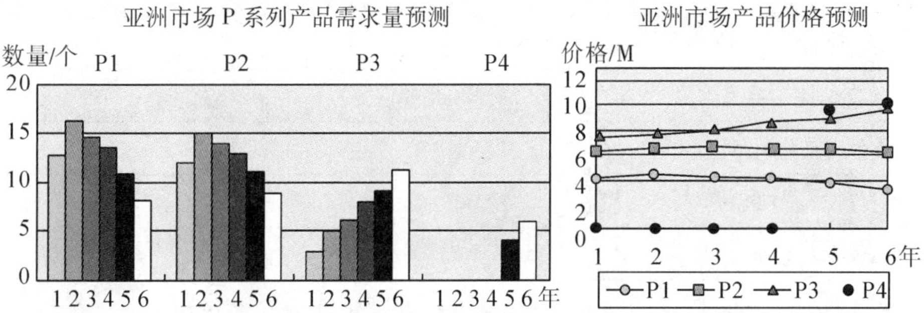

图 8-4 亚洲市场预测图

8.1.2.5 国际市场分析

如图 8-5 所示，企业进入国际市场可能需要一个较长的时期。有迹象表明，目前这一市场上的客户对 P1 产品已经有所认同，需求也会比较旺盛。对于 P2 产品，客户将会谨慎地接受，但仍需要一段时间 P2 产品才能被市场所接受。对于新兴的技术，这一市场上的客户将会以观望为主，因此对 P3 和 P4 产品的需求将会发展极慢。因为产品需求主要集中在低端产品，所以客户对于 ISO 国际认证的要求并不如其他几个市场那么高，但也不排除在后期会有这方面的需求。

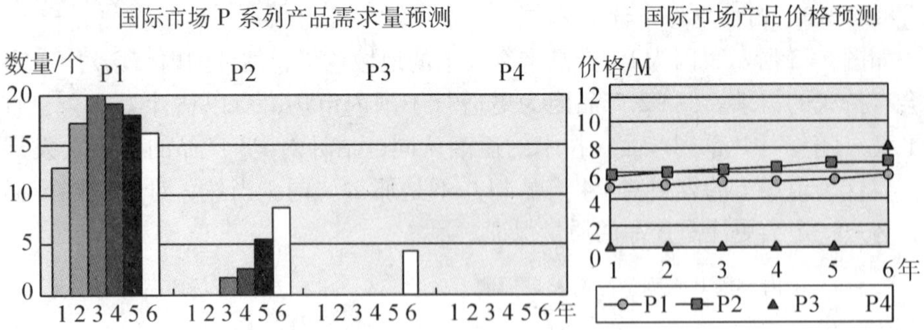

图 8-5 国际市场预测图

8.1.3 模拟企业财务状况

在上届决策者的带领下，企业取得了一定的成绩，其具体情况如表 8-1 利润表和表 8-2 资产负债表所示。

表 8-1 利润表 单位：M

项目	上年数	本年数
销售收入	35	
直接成本	12	
毛利	23	
综合费用	11	
折旧前利润	12	
折旧	4	
支付利息前利润	8	
财务收入/支出	4	
其他收入/支出		
税前利润	4	
所得税	1	
净利润	3	

表 8-2　　　　　　　　　　　**资产负债表**　　　　　　　　　　单位：M

资产	期初数	期末数	负债和所有者权益	期初数	期末数
流动资产：			负债：		
现金	20		长期负债	40	
应收账款	15		短期负债		
在制品	8		应付账款		
成品	6		应交税费	1	
原料	3		一年内到期的长期负债		
流动资产合计	52		负债合计	41	
固定资产：			所有者权益：		
土地和建筑	40		股东资本	50	
机器与设备	13		利润留存	11	
在建工程			年度净利润	3	
固定资产合计	53		所有者权益合计	64	
资产总计	105		负债和所有者权益总计	105	

8.2　经营团队组建

8.2.1　组建高效的团队

在 ERP 沙盘模拟实训中，所有参与学员将被分成若干个团队，团队是由少数有互补技能，愿意为了共同的目的而相互承担责任的个体组成的群体。而在每个团队中，各学员分别担任 CEO、财务总监、营销总监、生产总监和采购总监等职位。在经营过程中，团队的合作是必不可少的。要想打造一支高效的团队，应注意以下几点：

8.2.1.1　目标明晰

在 ERP 沙盘模拟中，经营团队的共同目标就是实现模拟企业所有者权益的最大化，也就是将净利润做到最大化。具体可根据模拟运营的期限，先确立模拟企业发展的总目标，再分解到每一年和每一季度具体如何运营。

8.2.1.2　能力互补

一个优秀的团队需要每位成员具备相应的专业领域素养和能力，并形成互补。

作为总经理（CEO），需要有独特的创新能力、敏锐的预见能力、果断的决策能力和良好的组织沟通能力。作为财务总监（CFO），应当心思细密，沉着谨慎，精通财务知识，严格控制成本，善于制订融资计划，管理现金流量等。作为营销总监，应当具有敏锐的市场嗅觉和分析能力，正确把握广告投入，制订销售计划，争取订单与谈判，按时交货等。作为生产总监，应具备先进的生产知识，对于研发产品、估算产能、管理库存、编制生产计划等工作得心应手。作为采购总监，要能够根据生产计划合理安排企业的采购计划。

8.2.1.3 团队协作

各学员应该按照各自的职位职责进行经营活动，在把自己的工作做好的同时，还要相互配合，相互沟通。比如采购总监应该负责原材料的采购，如果出现差错，会直接影响到以后的生产，而生产的产品数量又影响到交单的情况。值得强调的是，每位成员一定要配合财务总监的工作。在ERP沙盘模拟实训中，最为普遍的问题就是报表做不平。造成这一现象的原因有两方面：一是财务总监缺乏经验或财务知识不充分，做账时思路混乱，逻辑不清；二是各角色没有严格按照企业运营流程运作，各自为政，导致盘面错误，账自然也不平。所以，一个小环节的疏漏，可能会导致满盘皆输。

8.2.2 职能定位

在模拟企业中主要设置五个基本职能部门（可根据学员人数适当调整），其主要职责如表8-3所示。

表8-3 主要职位职责明细表

总经理	财务总监	营销总监	生产总监	采购总监
制定发展战略 竞争格局分析 经营指标确定 业务策略制定 全面预算管理 管理团队协同 企业绩效分析 管理授权与总结	日常财务记账和登账 向税务部门报税 提供财务报表 日常现金管理 企业融资策略制定 成本费用控制 资金调度与风险管理 财务分析与协助决策	市场调查分析 市场进入策略 品种发展策略 广告宣传策略 制订销售计划 争取订单与谈判 按时交货 销售绩效分析	产品研发管理 管理体系认证 固定资产投资 编制生产计划 平衡生产能力 生产车间管理 成品库存管理 产品外协管理	编制采购计划 与供应商谈判 签订采购合同 监控采购过程 仓储管理 采购支付抉择 与财务部协调 与生产部协同

8.2.2.1 首席执行官/总经理（CEO）

在ERP沙盘模拟实训中，CEO负责制定和实施公司总体战略与年度经营计划，主持公司的日常经营管理工作，实现公司经营管理目标和发展目标。

企业所有的重要决策均由CEO带领团队成员共同决定，如果大家意见相左，由CEO拍板决定。做出有利于企业发展的战略决策是CEO的最大职责，同时CEO还要负责控制企业按流程运行。

8.2.2.2 财务总监（CFO）

在企业中，财务与会计的职能常常是分离的。会计主要负责日常现金收支管理，定期核查企业的经营状况，核算企业的经营成果，制定预算及对成本数据的分类和分析。财务主要负责资金的筹集、管理，做好现金预算，管好、用好资金。在ERP沙盘模拟实训中，财务总监要参与企业重大决策方案的讨论，如设备投资、产品研发、市场开拓、ISO资格认证、购置厂房等，并与CEO、营销总监、生产总监、采购总监协作配合。

在受训者较少时，将上述两大职能归并到财务总监身上，统一负责对企业的资金进行预测、筹集、调度与监控。在受训者人数允许时，增设主管会计（财务总监助理）分担会计职能。

8.2.2.3 营销总监/销售总监（CSO）

营销总监所担负的责任主要是开拓市场、实现销售。为此，营销总监应结合市场预测及客户需求制订销售计划，有选择地进行广告投放，取得与企业生产能力相匹配的客户订单，与生产部门做好沟通，保证按时交货给客户，监督货款的回收，进行客户关系管理。

营销总监还可以兼任商业间谍的角色和任务，因为他最方便监控竞争对手的情况，比如对手正在开拓哪些市场、未涉足哪些市场、在销售上取得了多大的成功、拥有哪类生产线、生产能力如何等。充分了解市场，明确竞争对手的动向有利于今后的竞争与合作。

8.2.2.4 生产总监（PM）

生产总监既是生产计划的制订者和决策者，又是生产过程的监控者，对企业目标的实现负有重大的责任。他的工作是通过计划、组织、指挥和控制等手段实现企业资源的优化配置，创造最大经济效益。

在 ERP 沙盘模拟实训中，生产总监负责指挥生产运营过程的正常进行、生产设备的维护与设备变更处理、管理成品库等工作。在本实训中，生产能力往往是制约企业发展的重要因素，因此生产总监要有计划地扩大生产能力，以满足市场竞争的需要。

8.2.2.5 采购总监（PD）

采购是企业生产的首要环节。采购总监负责各种原料的及时采购和安全管理，确保企业生产的正常进行；负责编制并实施采购供应计划，分析各种物资供应渠道及市场供求变化情况；进行供应商管理和原材料库存的数据统计与分析。

在 ERP 沙盘模拟实训中，采购总监负责制订采购计划、与供应商签订供货合同、监督原料采购过程并按计划向供应商付款、管理原料库等具体工作，确保在合适的时间点采购合适的品种及数量的物资。

8.2.2.6 人力资源总监（HRD）

人力资源总监负责企业的人力资源管理工作，具体包括企业组织架构设计、岗位职责确定、薪酬体系安排、组织人员招聘、考核等工作。

人力资源总监不必单独设置，可由 CEO 或 CEO 助理兼任，其主要工作是对每个受训者的参与度与贡献度进行考评，并以此作为学生实训成绩评定的重要依据之一。

8.2.2.7 商业情报人员/商业间谍（CIO）

知己知彼，方能百战百胜。闭门造车是不行的。商业情报工作在现代商业竞争中有着非常重要的作用，不容小觑。在受训者人数较少时，此项工作可由营销总监承担；在人数较多时，可设专人协助营销总监来负责此项工作。

8.2.2.8　其他角色

在受训者人数较多时，可适当增加财务助理、CEO 助理、营销助理、生产助理等辅助角色，特别是财务助理很值得设。为使这些辅助角色不被边缘化，应尽可能明确其所承担的职责和具体任务。

确定好职能后，学员们应按图 8-6 所示重新落座。

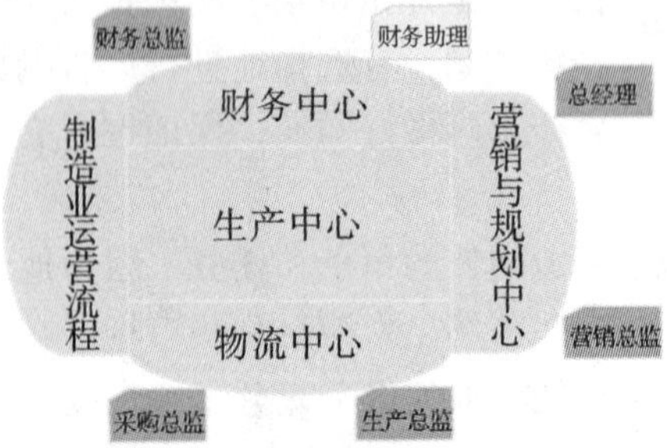

图 8-6　各职能部门座位图

8.2.3　公司成立及 CEO 就职演讲

8.2.3.1　公司命名

在公司成立之后，每个小组要召开第一次员工大会，大会由 CEO 主持。在这次会议中各个小组要为自己组建的公司命名。公司名称对一个企业将来的发展而言至关重要，因为公司名称不仅关系到企业在行业内的影响力，还关系到企业所经营的产品投放市场后，消费者对本企业的认可度。品牌名或公司名符合行业特点、有深层次的文化底蕴、为广大消费者所熟知、具有独创性时，企业的竞争力就明显区别于行业内的其他企业，为打造知名品牌奠定了基础。因此各小组要集思广益，为自己的企业起一个响亮的名字。

8.2.3.2　确定企业使命

企业使命英文表示为 mission，在企业远景的基础之上，具体地定义企业在全社会经济领域中所经营的活动范围和层次，具体地表述企业在社会经济活动中的身份或角色。它包括的内容为企业的经营哲学、企业的宗旨和企业的形象。在第一次员工大会上，学员还要集体讨论，确定企业的宗旨和企业形象等问题。

8.2.3.3　CEO 就职演讲

小组讨论结束后，由 CEO 代表自己的公司进行就职演讲，阐述一下自己公司的使命与目标等，为下一步具体经营管理企业打下良好的基础。

8.3　初始状态设置

ERP 沙盘模拟不是从企业创建之初开始，而是接手一个已经运营了两年的企业。虽然已经从前面的模拟企业基本概况描述中获得了其运营基本信息，但还需要把这些枯燥的数字再现到沙盘的盘面上，为下一步的企业运营做好铺垫。通过初始状态设置，学员能够深刻地感受到财务数据与企业业务的关联性，理解财务数据是对企业运营情况的一种总结提炼，为今后“透过财务看经营”做好观念上的准备。

8.3.1 模拟企业初始盘面设置

8.3.1.1 生产中心状态

原材料订单以空桶表示，原材料 R1、R2、R3、R4 分别以红、橙、蓝、绿四种颜色的彩币表示，资金以灰币表示，每一枚彩币或灰币的价值均为 1M。产品（或在制品）P1、P2、P3、P4 由彩币和灰币按以下公式构成：

P1＝R1+1M

P2＝R1+R2+1M

P3＝2R2+R3+1M

P4＝R2+R3+2R4+1M

企业拥有大厂房价值 40M；4 条生产线上分别有不同周期的 P1 在制品 1 个，每个价值 2M，共计 8M；手工生产线原值 5M，净值 3M；半自动生产线原值 8M，净值 4M；设备价值共计 13M（详见图 8-7）。

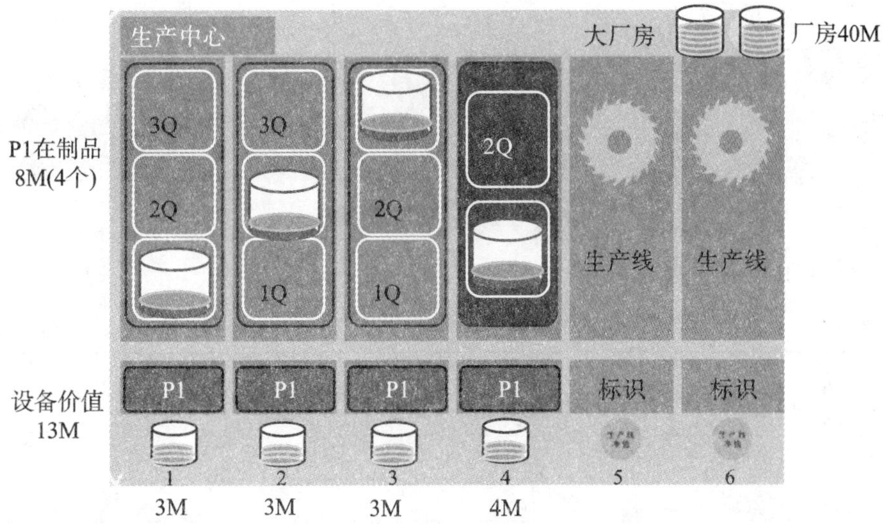

图 8-7 生产中心初始状态

8.3.1.2 物流中心状态

原材料库有 3 个 R1 原料，每个价值 1M，共计 3M；成品库有 3 个 P1 产品已完工，每个价值 2M，共计 6M。已下 R1 原料订单 2 个，用放在相应位置的空桶表示（详见图 8-8）。

8.3.1.3 财务中心状态

企业现有长期贷款 40M，放置 2 个空桶来表示；有 3 个账期应收账款为 15M；有现金资产 20M（详见图 8-9）。

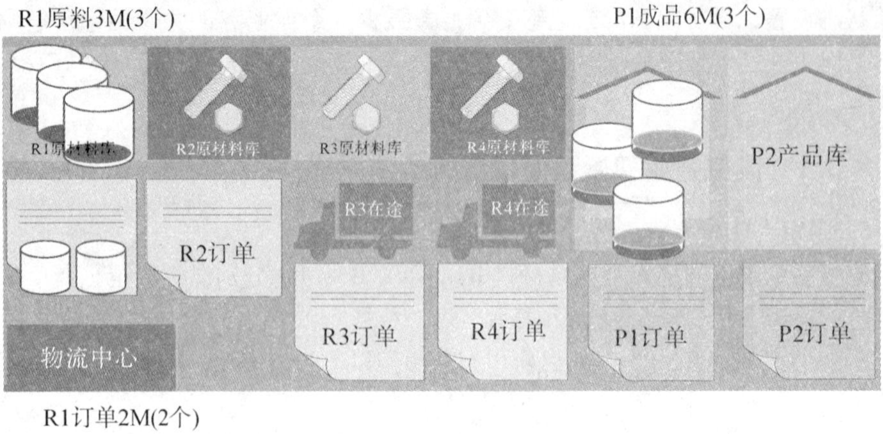

图 8-8　物流中心初始状态

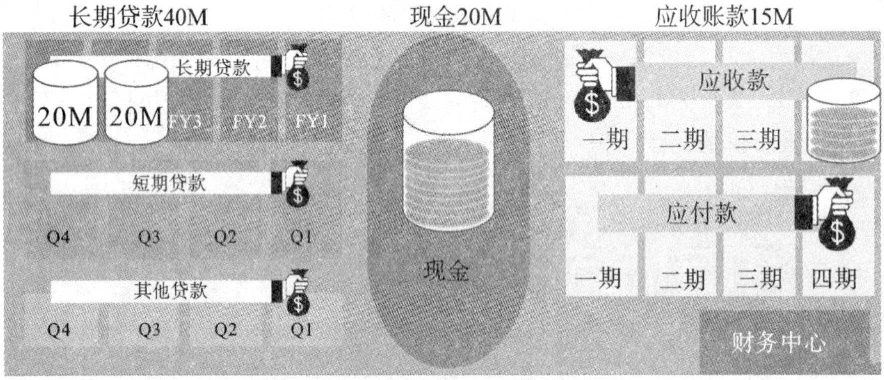

图 8-9　财务中心初始状态

企业目前的财务状况及经营成果如表 8-4 和表 8-5 所示。

表 8-4　　利润表　　单位：M

项目	运算关系	金额
销售收入	+	35
直接成本	−	12
毛利	=	23
综合费用	−	11
折旧前利润	=	12
折旧	−	4
支付利息前利润	=	8
财务收入/支出	+/−	4
额外收入/支出	+/−	0
税前利润	=	4
所得税	−	1
净利润	=	3

表 8-5　　　　　　　　　　　**资产负债表**　　　　　　　　　　单位：M

资产		金额	负债+权益		金额
现金	+	20	长期负债	+	40
应收款	+	15	短期负债	+	0
在制品	+	8	应付账款	+	0
成品	+	6	应交税费	+	1
原料	+	3	一年内到期的长期负债	+	0
流动资产合计	=	52	负债合计	=	41
固定资产			权益		
土地和建筑	+	40	股东资本	+	50
机器和设备	+	13	利润留存	+	11
在建工程	+	0	年度净利	+	3
固定资产合计	=	53	所有者权益合计	=	64
总资产	=	105	负债+权益	=	105

8.3.1.4　营销与规划中心状态

如前所述，企业已经取得 P1 产品的生产资格，并在本地市场具有一定知名度，未来企业将致力于研发 P2、P3、P4 产品中的一种或几种，并逐步开发区域、国内、亚洲甚至国际市场中的一个或几个。同时，鉴于部分订单需要有 ISO9000 或 ISO14000 认证资格的企业方能获得，因此，企业还应考虑取得 ISO9000 或 ISO14000 的资格认证。营销与规划中心的盘面情况如图 8-10 所示。

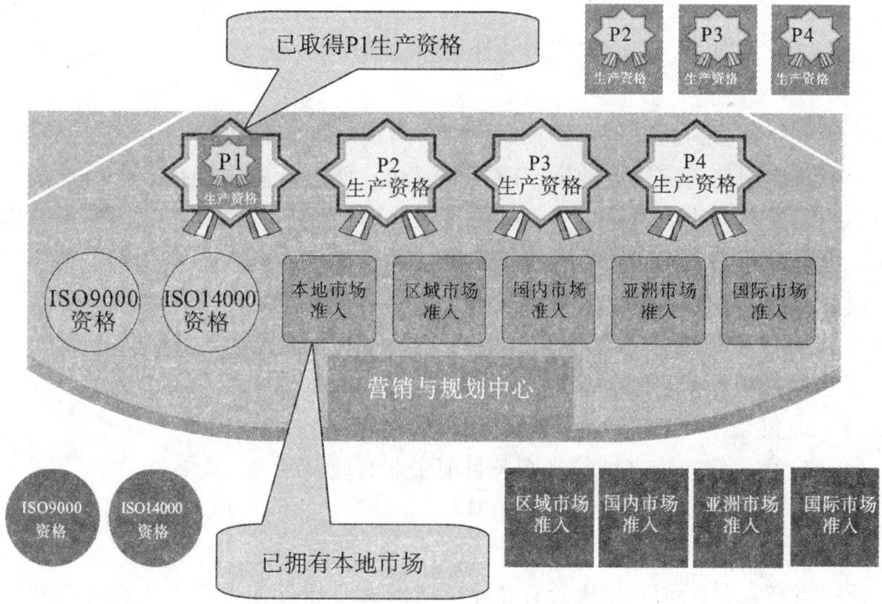

图 8-10　营销与规划中心初始状态

8.3.2 模拟企业财务状况设置

8.3.2.1 流动资产

流动资产是企业在一年或一个营业周期内变现或者耗用的资产，它主要包括货币资金、短期投资、应收款项和存货等。在我们模拟的这个企业，流动资产分布如下：

（1）现金。沙盘上有现金 1 桶，共计 20M。

（2）应收账款。沙盘上有应收账款共计 15M，账期为 3 个账期。

（3）在制品。沙盘上 4 条生产线上分别有在不同生产周期的 P1 在制品 1 个，每个价值 2M，共计 8M。

（4）成品。沙盘上企业成品库有 3 个 P1 产品已完工，每个价值 2M，共计 6M。

（5）原料。沙盘上企业原料库有 3 个 R1 原料，每个价值 1M，共计 3M。

综合以上 5 项，企业流动资产共计 52M。

8.3.2.2 固定资产

固定资产是指使用期限较长、单位价值较高，并且在使用过程中保持原有实物形态的资产。它包括房屋、建筑物、机器设备和运输设备等。在我们模拟的这个企业，固定资产分布如下：

（1）土地和建筑。目前，沙盘上企业拥有 1 个大厂房，价值计 40M。

（2）机器与设备。目前，沙盘上企业拥有手工生产线 3 条，每条原值 5M，净值为 3M；半自动生产线 1 条，原值 8M，净值 4M。因此机器与设备价值共计 13M。

（3）在建工程。目前，企业没有在建工程，也就是说没有新生产线的投入或改建。

综合以上 3 项，企业固定资产共计 53M。

8.3.2.3 负债

企业负债可分为短期负债和长期负债。所谓短期负债是指在一年内或超过一年的一个营业周期内需用流动资产或其他流动负债进行清偿的债务，而长期负债是指偿还期限在一年或者超过一年的一个营业周期以上的债务。我们模拟的这个企业，负债分布如下：

（1）长期负债。目前，企业经营盘面上，有四年到期的长期负债 20M，五年到期的长期负债 20M，放置 2 个空桶来表示，因此企业长期负债共计 40M。

（2）短期负债。目前，企业没有短期负债。

（3）应付账款。目前，企业没有应付账款。

（4）应交税费。根据纳税规则，目前企业有应交税费 1M。

综合以上 4 项，企业负债共计 41M。

8.3.2.4 所有者权益

所有者权益是指企业投资者对企业资产的所有权，在数量上表现为企业资产减去负债后的差额。所有者权益表明企业的所有权关系，即企业归谁所有。模拟企业当前的所有者权益分布如下：

（1）股东资本。目前，企业股东资本为50M。

（2）利润留存。目前，企业利润留存为11M。

（3）年度净利润。本年度，企业净利润为3M。

综合以上3项，企业所有者权益共计64M。

经过所有初始状态的设置后，沙盘盘面包括内容：大厂房，价值40M；生产线4条，价值13M；成品库3个P1，价值6M；生产线4个P1，价值8M；原材料库3个R1，价值3M；现金价值20M；应收账款价值15M；长期负债共有2笔，价值均为20M。

9 模拟企业运营规则

企业的正常运营涉及筹资、投资、生产、营销、研发、物流等各个方面，受到来自各个方面条件的制约，企业要不断地提升自我赢得竞争，就必须熟练地掌握市场规则，并将其熟练地运用。所以在模拟经营决策之前，企业管理人员应该熟练掌握以下运营规则。

9.1 市场规则

9.1.1 市场准入与ISO认证规则

企业的生存和发展离不开市场这个大环境，谁赢得市场，谁就赢得了竞争。市场是瞬息万变的，变化增加了竞争的对抗性和复杂性。

9.1.1.1 市场细分与市场准入规则

所谓市场细分就是把市场分割成具有不同需求、性格或行为的购买群体，并针对每个购买群体采取单独的产品营销策略。在本实验中，我们将市场按地域和产品类别进行了划分，市场分为本地市场、区域市场、国内市场、亚洲市场和国际市场，由于产品包括P1、P2、P3、P4四种产品，每个区域又分为P1市场、P2市场、P3市场、P4市场。

在进入某个市场之前，企业要花费一定的费用和时间来拓展市场，如市场调查、招聘人员等活动。由于各个市场地理位置和范围不同，开发不同市场所需的时间和资金投入也不同。市场开拓完成之前，企业不能在该市场从事销售活动。目前企业仅拥有P1产品的本地市场，有待开拓的市场还有区域市场、国内市场、亚洲市场、国际市场。各种市场的开拓费用和开拓周期等的相关规则如表9-1所示。

表9-1 市场准入规则

市场	开拓费用	持续时间	
区域	1M/年	1年	开发费用按开发时间在年末平均支付，不允许加速投资 市场开发完成后，领取相应的市场准入证
国内	1M/年	2年	
亚洲	1M/年	3年	
国际	1M/年	4年	

值得注意的是，企业目前在本地市场经营，新市场包括区域市场、国内市场、亚洲市场、国际市场，不同市场投入的费用及时间不同。只有市场投入完成后方可在该市场投入广告选单。市场资格获准后仍需每年最少投入 1M 的市场维护费，否则视为放弃了该市场。

市场开发投资按年度支付，允许同时开发多个市场，但每个市场每年最多投资为 1M，不允许加速投资，但允许中断。市场开发完成后持开发费用到指导教师处领取市场准入证，之后才允许进入该市场选单。

市场可以全部开拓，也可选择部分市场进行开拓；市场开拓每年只能开拓一次，不能加速开拓；如果企业现金不足，可以随时停止市场开拓，但已经付出的资金不能收回；停止开拓一段时间后如果想继续开拓该市场，可以在以前投入的基础上继续追加投资。假如你对国际市场连续两年投入了开拓费用，下一年你的资金不足了，你可以停止投入开拓费用，等资金充裕时可以再继续投入。只有在该市场开拓全部完成并且投入广告费用后，才能参与该市场的竞单，否则不能参加竞单。

9.1.1.2　ISO 认证规则

ISO 认证包括 ISO9000 和 ISO14000 的认证，随着客户对产品质量和环境保护问题的日益重视，ISO 认证在市场营销中的地位越来越重要，其开发时间及所需投资情况如表 9-2 所示。

表 9-2　　ISO 认证开发时间及费用

管理体系	ISO9000	ISO14000
建立时间	≥2 年	≥3 年
所需投资	1M/年	1M/年

两项认证投资可同时进行或延期，相应投资完成后领取 ISO 资格，研发投资与认证投资计入当年综合费用。

9.1.2　广告投放与订单选取规则

（1）订货会年初召开，一年只召开一次。例如，如果在该年年初的订货会上只拿到 2 张订单，那么在当年的经营过程中，再也没有获得其他订单的机会。

（2）广告费分市场、分产品投放，订单按市场、按产品发放。例如，企业拥有 P1、P2 的生产资格，在年初国内市场的订货会上只对 P1 投入了广告费用，那么在竞单时，不能在国内市场上获得 P2 的订单。又如，订单发放时，先发放本地市场的订单，按 P1、P2、P3、P4 产品次序发放；再发放区域市场的订单，再按 P1、P2、P3、P4 产品次序发放。

（3）广告费每投入 1M，可获得一次拿单的机会，另外要获得下一张订单的机会，还需要再投入 2M，以此类推，每多投入 2M 就拥有多拿一张订单的机会。广告费用计算组合为（$1+2n$）M（其中 n 为整数）。例如，在本地市场上投入 7M 广告费，表示在本地市场上有 4 次拿单的机会，最多可以拿 4 张订单。但是，最终能拿到几张订单要取决于当年的市场需求和竞争状况。

（4）销售排名及市场老大规则。每年竞单完成后，根据某个市场的总订单销售额排出销售排名。排名第一的为市场老大，下年可以不参加该市场的选单排名而优先选单；其余的公司仍按选单排名方式确定选单顺序。

例如，P3 亚洲市场广告投放单如表 9-3 所示。

表 9-3　　P3 亚洲市场广告投放单

公司	P3 广告费	ISO9000	ISO14000	广告费总和	上年排名
A	1 M			1 M	1
B	2 M	1 M	1 M	4 M	2
C	2 M	1 M		3 M	4
D	5 M			5 M	3

亚洲市场 P3 选单的顺序为：

第一，由 A 公司选单。虽然 A 公司投入 P3 产品的广告费低于其余 3 家公司，但其上年在亚洲市场上的销售额排名第一，因此不以其投入广告费的多少来选单，而直接优先选单。

第二，由 D 公司选单。D 公司投入 P3 的广告费最高，为 5M。

第三，由 B 公司选单。虽然 B 公司在 P3 的产品广告费上与 C 公司相同，但投入亚洲市场上的总广告费用为 4M，而 C 公司投入亚洲市场上的总广告费用为 3M，因此，B 公司先于 C 公司选单。

第四，由 C 公司选单。虽然 C 公司投入的 P3 产品的广告费用与 B 公司相同，但在亚洲市场上的总广告费投入低于 B 公司，因此后于 B 公司选单。

（5）选单排名顺序和流程。第一次以投入某个产品广告费用的多少产生该产品的选单顺序；如果该产品投入一样，按本次市场的广告总投入量（包括 ISO 的投入）进行排名；如果市场广告总投入量一样，按上年的该市场排名顺序排名；如果上年排名相同，采用竞标式选单，即把某一订单的销售价、账期去掉，按竞标公司所出的销售价和账期确定谁获得该订单（按出价低、账期长的顺序发单）。按选单顺序先选第一轮，每公司一轮，只能有一次机会，选择 1 张订单。第二轮按顺序再选，选单机会用完的公司则退出选单。P1 国际市场广告投放单如表 9-4 所示，P2 国际市场广告投放单如表 9-5 所示。

表 9-4　　P1 国际市场广告投放单

公司	P1 广告费	ISO9000	ISO14000	广告费总和	上年排名
A	3M			3M	2
B	1M	1M	2M	4M	3
C	1M	1M	1M	3M	5
D					4
E					1

表 9-5　　P2 国际市场广告投放单

公司	P2 广告费	ISO9000	ISO14000	广告费总和	上年排名
A					2
B	1M	1M	2M	4M	3
C	1M	1M	1M	3M	5
D	1M	1M	1M	3M	4
E					1

国际市场 P1 选单的顺序为：

第一，由 A 公司选单。在国际市场上，市场老大 E 公司没有投入 P1 产品的广告费，而 A 公司投入 P1 的广告费最高，为 3M。

第二，由 B 公司选单。虽然 B 公司在 P1 的产品广告费上与 C 公司相同，但投入国际市场上的总广告费用为 4M，而 C 公司投入国际市场上的总广告费用为 3M，因此，B 公司先于 C 公司选单。

第三，由 C 公司选单。由于 C 公司投入的 P1 产品的广告费用与 B 公司相同，但在国际市场上的总广告费投入低于 B 公司，因此后于 B 公司选单。

第四，由 A 公司再选单。A 公司投入 P1 产品的广告费组合为（1+2）M，因此获得多一次的选单机会。

国际市场 P2 选单的顺序为：

第一，由 B 公司选单。在国际市场上，市场老大 E 公司没有投入 P2 产品的广告费，虽然 B、C、D 公司在 P2 产品上投入的广告费用相同，但在国际市场上的总广告费投入 B 公司最高，因此最先选单。

第二，由 D 公司选单。虽然 D 公司在 P2 的产品广告费上与 C 公司相同，且在国际市场上的总广告费也与 C 公司相同，但在上年的经营过程中，D 公司排名第四，C 公司排名第五，因此，D 公司先于 C 公司选单。

第三，由 C 公司选单。虽然 C 公司在 P2 的产品广告费上与 D 公司相同，且在国际市场上的总广告费也与 D 公司相同，但在上年的经营过程中，D 公司排名第四，C 公司排名第五，因此，后于 D 公司选单。

（6）订单种类。订单种类分为四类。

第一类为普通订单，在一年之内任何交货期均可交货，订单上的账期表示客户收货时货款的交付方式。例如：0 账期，表示采用现金付款；4 个账期，表示客户付给企业的是 4 个季度的应收账款。订单样图如图 9-1 所示。

第二类为加急订单，第一季度必须交货，若不按期交货，会受到相应的处罚。

第三类为 ISO9000 或 ISO14000 订单，要求具有 ISO9000 或 ISO14000 资格，并且在市场上投放了广告费的公司，才可以拿单，且对该市场上的所有产品均有效。

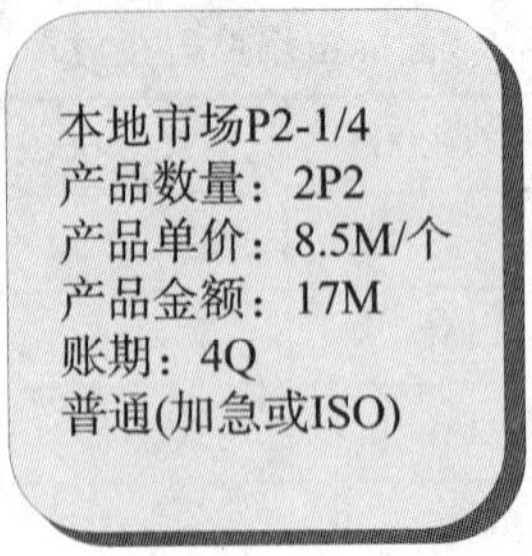

图 9-1　订单样图

（7）交货规则。必须按照订单规定的数量整单交货。

（8）违约处罚规则。所有订单必须在规定的期限内完成（按订单上的产品数量交货），即加急订单必须在第一季度交货，普通订单必须在本年度交货等。如果订单没有完成，按下列条款加以处罚：

第一，下年市场地位下降一级（如果是市场第一的，则该市场第一空缺，所有公司均没有优先选单的资格）。

第二，交货时扣除订单额 25%（取整）作为违约金。

例如，A 公司在第 2 年时为本地市场的老大，且在本地市场上有一张订单总额为 20M，但由于产能计算失误，在第 2 年不能交货，则在参加第 3 年本地市场订货会时丧失市场老大的订单选择优先权，并且在第 3 年该订单必须首先交货，交货时需要扣除 5M（20M×25%）的违约金，只能获得 15M 的货款。

9.2　生产规则

9.2.1　生产线规则

ERP 沙盘模拟有四种不同的生产线：手工生产线、半自动生产线、全自动生产线和柔性生产线，它们在购置、安装、生产、转产与维护、出售等方面的规则如表 9-6 所示。

表 9-6　生产线相关规则

生产线	购置费	安装周期	生产周期	转产周期	转产费	维护费	残值
手工	5M	无	3Q	无	无	1M/年	1M
半自动	8M	2Q	2Q	1Q	1M	1M/年	2M
全自动	16M	4Q	1Q	2Q	4M	1M/年	4M
柔性	24M	4Q	1Q	无	无	1M/年	6M

9.2.1.1　生产线类型

（1）手工生产线。手工生产线是一种低技术含量的生产线，其优点是购置费用低，安装周期短，生产灵活，在同一条生产线上生产不同产品时不需要转产；缺点是生产周期长，生产效率低下，每条手工生产线一年的产能只有$\frac{4}{3}$个产品。

（2）半自动生产线。这类生产线技术较手工生产线更为先进，其购置费用、生产周期和安装周期都居中，略高于手工生产线，但相比全自动和柔性生产线更低，其生产灵活性较差，同一条半自动生产线生产不同的产品时，需要一定的时间和费用进行转产。

（3）全自动生产线。这是一种高效率的先进生产线，其最大的优点是生产周期短，生产效率高，年产量达到 4 个产品。但与此同时，这种生产线购置费用高，安装程序也较为复杂，需要的安装周期较长，生产灵活性差，转产所需时间和费用相对较高。

（4）柔性生产线。这是一种灵活的高效率生产线，这种生产线的生产效率与全自动生产线相同，且具有很强的灵活性，同一条柔性生产线上生产不同的产品时无须转产，因此其购置费用是所有生产线中最高的，安装周期与全自动生产线一样，长达一年时间。

9.2.1.2　生产线新建

模拟企业可以根据市场需求和企业资源来投资新建生产线，以扩大生产规模，提高生产效率。

（1）新建生产线的购置费不是一次性投入，而是按其安装周期平均投入，全部投资到位的下一季度领取产品标识，开始生产。例如，新建一条全自动生产线，其购置费用为 16M，安装周期为 4Q，则应按照每季度平均投入 4M，待资金全部到位，即累计投资达到 16M 后，该生产线建成方可用于产品生产。

（2）新建生产线投资时允许中途暂停建设，恢复建设后，仍需按季完成全部投资方可投入使用。

（3）半自动生产线和全自动生产线在建成时需要确定该生产线上生产的产品种类，并且只能选择已经获得生产资格的产品。

（4）即使新建生产线全部建设资金都已到位，仍然可以让生产线保持在建状态，即允许新建成的生产线在下一个季度不马上投入使用。

9.2.1.3　生产线转产

现有生产线转产新产品时可能需要一定转产周期并支付一定的转产费用，最后一笔支付到期一个季度后方可更换产品标识。手工生产线和柔性生产线本身具有很好的灵活性，产品下线之后，可随时更换下一批生产的产品种类，不需要进行转产操作。但半自动生产线和全自动生产线则需要一定的时间和费用进行转产，转产时该生产线必须处于空闲状态。例如，模拟企业准备将原本生产 P2 的全自动生产线转为生产 P3，本年度第二季度该全自动生产线上的产品下线后，让其处于空闲状态 2Q，按每季支付 2M 转产费，累计达到 4M 以后方可转产生产 P3。

9.2.1.4　生产线维护

（1）四种不同类型的生产线建成之后需要进行维护，无论是生产中、转产中或是停产中的生产线，每年年底都需要支付 1M 的维护费用。

（2）当年在建的生产线和当年出售的生产线不用交维护费。

例如，模拟企业现有三条手工生产线和一条半自动生产线，本年度第一季度开始投资建设一条全自动生产线，该生产线在今年第四季度完成全部投资，下年第一季度可建成投产。该条生产线在今年年末处于在建状态，不需要交维护费。同时，模拟企业在第四季度出售一条手工生产线，尽管这条手工生产线在今年内一直处于生产中，并于第一季度和第四季度分别下线一个产品，但由于其年末时已经出售，因此也不需要交维护费。

9.2.1.5 生产线折旧

生产线作为企业的固定资产需要计提折旧。为了便于计算，采用平均年限法对生产线进行折旧，不同生产线各年度的折旧金额如表 9-7 所示。

表 9-7 生产线折旧规则

生产线	购置费	残值	建成第 1 年	建成第 2 年	建成第 3 年	建成第 4 年	建成第 5 年
手工	5M	1M	0	1M	1M	1M	1M
半自动	8M	2M	0	2M	2M	2M	0M
全自动	16M	4M	0	4M	4M	4M	0M
柔性	24M	6M	0	6M	6M	6M	0M

生产线建成当年不计提折旧，从建成第二年开始计提折旧，当累计折旧金额等于该生产线的原值扣除残值的差额时，便不再计提折旧。从上表可知，手工生产线从建成第二年开始计提折旧，一共计提四年，从建成第六年开始不再计提；半自动、全自动和柔性生产线从建成第二年开始计提折旧，一共计提三年，从建成第五年开始不再计提。生产线不再计提折旧后，不会影响其继续使用。

9.2.1.6 生产线出售

模拟企业可以出售不再需要的生产线，生产线出售时应遵循以下规则：

（1）出售生产线时，该生产线应处于空闲状态，生产线上有产品时不能出售。

（2）出售生产线时，其出售价格均为该生产线的残值。如果生产线净值小于残值，将净值转换为现金；如果生产线净值大于残值，将相当于残值的部分转换为现金，将差额部分作为损失计入综合管理费用的其他项。

9.2.2 厂房规则

模拟企业生产需要相应的厂房来安置生产线，厂房购买、租赁与出售规则如表 9-8 所示。

表 9-8 厂房规则

厂房	买价	租金	售价	容量
大厂房	40M	5M/年	40M（4Q）	6 条生产线
小厂房	30M	3M/年	30M（4Q）	4 条生产线

（1）模拟企业可以购买或租赁厂房，每年年底即第四季度决定厂房是购买还是租赁。若购买厂房，购买后将购买价放在厂房价值处，厂房在使用过程中不计提折旧，价值也不发生任何变化；若租赁厂房，租赁以年为单位，在年底支付一年的租金，第二年年底再支付下一年度的租金。

（2）模拟企业也可随时出售已经购买的厂房，出售价格与购买价格相等，但不能即时获得相应的现金，只能得到相应金额且账期为 4Q 的应收账款。企业如急需现金，必须贴现，应收账款的贴现规则见 9.3.2 内容。

9.2.3 产品研发规则

模拟企业生产 P 系列产品，按照技术含量从低到高分别为 P1、P2、P3 和 P4，其研发费用和研发时间随着技术含量的递增而递增，除 P1 产品外，其余产品的研发时间及研发费用如表 9-9 所示。

表 9-9 产品研发相关规则

名称	研发费用	开发周期
P2	1M/ Q	6Q
P3	2M/ Q	6Q
P4	3M/ Q	6Q

（1）新产品研发投资可以同时进行，按季度平均支付或延期，资金短缺时可以中断，但必须完成投资后方可接单生产。研发投资计入综合费用，研发投资完成后持全部投资换取产品生产资格证。

（2）产品研发可以中断或终止，但不允许超前或集中投入。已投资的研发费不能回收。如果开发没有完成，企业不允许开工生产。

9.2.4 原料采购规则

模拟企业生产中可能用到的原材料有四种：R1、R2、R3、R4，在实验中分别以红、橙、蓝、绿四种颜色的彩币表示，不同种类的原材料购买价格相同，均为 1M/个。采购原材料必须提前下订单，其中，R1、R2 需提前一个季度下订单，R3、R4 需提前两个季度下订单，到期方可取料。如遇原材料不足需要紧急采购时，可通过组间交易获得。组间交易价格由双方协商，但不得低于原材料的原价。

9.2.5 产品成本构成规则

模拟企业生产不同产品的原材料及成本构成规则如表 9-10 所示。

表 9-10　　产品成本构成规则

产品名称	成本构成		直接成本
	加工费	原材料构成	
P1	1M/个	R1	2M/个
P2	1M/个	R1+R2	3M/个
P3	1M/个	R2+R2+R3	4M/个
P4	1M/个	R2+R3+R4+R4	5M/个

产品的直接成本等于原材料成本加上产品加工费，不同产品的加工费用均为1M/个，该费用在产品上线时支付。

9.3　融资规则

资金是企业一切经营活动的基础。ERP 沙盘模拟中企业主要的融资渠道包括长期贷款、短期贷款、应收账款贴现、高利贷、库存或厂房出售等，其规则如表 9-11 所示。

表 9-11　　融资方式及费用规则

贷款类型	贷款时间	贷款额度	年息	还款方式
长期贷款	每年年末	所有长期贷款和短期贷款之和不能超过上年权益的 2 倍	10%	年初付息，到期还本； 每次贷款为 20 的倍数
短期贷款	每季度初		5%	到期一次还本付息； 每次贷款为 20 的倍数
高利贷	任何时间	无额度限制	20%	到期一次还本付息
资金贴现	任何时间	视应收款额而定	1∶6	变现时贴息，可按贴现金额收取 1/7 贴现息
库存或厂房出售	系统交易：原材料 8 折，成品按成本价出售，厂房按原价出售 组间交易：由交易双方在规定范围内协商确定			

9.3.1　贷款规则

贷款是企业最常用的融资方式，ERP 沙盘模拟中的贷款方式包括长期贷款、短期贷款和高利贷三种方式。

（1）长期贷款期限为 5 年，每年年末贷款，申请额度必须为 20 的倍数。长期贷款借入当年不付利息，从第二年开始，每年年末按 10%的年利率归还利息，到期还本，本利两清后，如果还有额度时，才允许重新申请贷款，即如果有贷款需要归还，同时还拥有贷款额度时，必须先归还到期的贷款，才能申请新贷款，不能以新贷还旧贷（续贷）。

（2）短期贷款期限为 1 年，每季度均可贷款，申请额度也必须为 20 的倍数，且所有长期贷款和短期贷款之和不能超过上年权益的 2 倍。短期贷款到期还本付息，同样不能以新贷还旧贷（续贷）。

（3）高利贷期限为 1 年，任何时候都可贷款用以救急，到期还本付息，但按照扣分规则，每借一次高利贷将会被扣 3 分。

所有贷款均不允许提前还款。

9.3.2 应收账款贴现规则

应收账款是企业出售产品形成的，当企业资金不足时，可通过贴现业务将未到期的应收账款提前贴现转化为现金使用，具体包括以下规则：

（1）应收账款贴现时需要扣除一定的贴现费用，按照贴息∶本金 = 1∶6 的比例进行缴纳。例如，模拟企业欲将一笔账期为 3Q、金额为 15M 的应收账款进行贴现，那么将收取 2M（15×1/7）的贴息，即可贴现 13M，放入现金库，扣除的 2M 作为贴现利息计入财务费用。

（2）企业的应收账款可以随时贴现。同季度的应收账款可以合并贴现，不同季度的应收账款不能合并贴现。

9.3.3 库存或厂房出售规则

当企业资金严重不足，面临资不抵债即将破产的状况时，企业还可以通过出售库存原材料、产成品或者厂房来融资。其中，厂房出售的对象是系统，库存出售的对象可以是系统，也可以是其他企业，具体规则如下：

（1）系统交易。企业可以随时向系统出售原材料或产成品以获取现金。原材料出售价格为原价 8 折，产成品出售价格为直接生产成本，若出售价格不是整数则向下取整。不同种类原材料出售时可合并计算其出售价格。例如，某企业向系统出售了 3 个 R1、2 个 R2 和 4 个 R3，计算出售价格时合并为出售 9 个原材料，得到 7M 现金。此外，若企业面临严重的资金匮乏，也可以考虑向系统出售现有厂房，售价按厂房原价核算，售后再进行回租，以缓解当前资金压力。

（2）组间交易。企业可以随时进行原材料和产成品的组间交易，交易价格由双方协商确定，但不得低于原材料或产成品的直接成本。

当出售库存出现盈亏时，模拟企业可按以下两种方式之一进行处理：第一，可将扣除相应成本后的盈亏部分计入利润表中的“其他收支”项。第二，原材料组间交易的卖方将取得的款项计入当期的其他收入，原材料成本计入当期的其他支出。产品组间交易的卖方将取得的款项计入当期的销售收入，产品的生产成本计入当期的直接成本。

9.4 破产规则

在企业经营期内，若出现所有者权益小于零（资不抵债）或者现金断流的情形时，即视为破产。破产后，企业仍可以继续经营，但必须严格按照产能争取订单（每次竞单前需要向裁判提交产能报告），严格按照明确的规定进行资金注入，破产的对抗参赛队伍不参加最后的成绩排名。

10 模拟企业运营实践

在初次接触ERP沙盘时，学员往往不知道该如何在沙盘上操作，常常出现手忙脚乱或者盘面与财务数据不匹配的情况。本章即结合前一章的企业运营规则，解决运营过程中的操作问题。

10.1 模拟企业年初经营

一年之计在于春。在一年之初，企业应当谋划全年的经营，预测可能出现的问题和情况，分析可能面临的问题和困难，寻找解决问题的途径和办法，使企业未来的经营活动处于掌控之中。为此，企业首先应当召集各位业务主管召开新年度规划会议，初步制定企业本年度的投资规划；然后，营销总监参加一年一度的产品订货会，竞争本年度的销售订单；最后，根据销售订单情况，调整企业本年度的投资规划，制订本年度的工作计划，开始本年度的各项工作。

10.1.1 新年度规划会议

常言道："预则立，不预则废。"在开始新的一年经营之前，CEO应当召集各位业务主管召开新年度规划会议，根据各位主管掌握的信息和企业的实际情况，初步提出企业在新一年的各项投资规划，包括市场和认证开发、产品研发、设备投资、生产经营等规划。同时，为了能准确地在一年一度的产品订货会上争取销售订单，企业管理人员还应当根据规划精确地计算出企业在该年的产品完工数量，确定企业的可接订单数量。

10.1.1.1 新年度全面规划

新年度规划涉及企业在新的一年如何开展各项工作的问题。制定新年度规划，可以使各位业务主管做到在经营过程中胸有成竹，知道自己在什么时候该干什么，可以有效预防经营过程中决策的随意性和盲目性，减少经营失误；同时，在制定新年度规划时，各业务主管已经就各项投资决策达成了共识，可以使各项经营活动有条不紊地进行，可以有效提高团队的合作精神，鼓舞士气，提高团队的战斗力和向心力，使团队成员之间更加团结、协调、和谐。

新年度全面规划内容涉及企业的发展战略规划、投资规划、生产规划和资金筹集规划等。要做出科学合理的规划，企业应当结合目前和未来的市场需求、竞争对手可能的策略以及本企业的实际情况进行。在进行规划时，企业首先应当对市场进行准确的预测，包括预测各个市场产品的需求状况和价格水平，预测竞争对手可能的目标市场和产能情况，预测各个竞争对手在新的一年的资金状况（资金的丰裕和不足将极大地影响企业的投资和生产）。在此基础上，各业务主管提出新年度规划的初步设想，大家就此进行论证。最后，在权衡各方利弊得失后，做出企业新年度的初步规划。企业在进行新年度规划时，可以从以下方面展开：

（1）市场开拓规划。企业只有开拓了市场才能在该市场销售产品。企业拥有的市场决定了企业产品的销售渠道。开拓市场投入资金会导致企业当期现金的流出，增加企业当期的开拓费用，减少当期的利润。所以，企业在制定市场开拓规划时，应当考虑当期的资金情况和所有者权益情况。只有在资金有保证，减少的利润不会对企业造成严重后果（比如，由于开拓市场增加费用而减少的利润使企业所有者权益为负数）时才能进行。在进行市场开拓规划时，企业应着重明确几个问题：

① 企业的销售策略是什么？

企业可能会考虑哪个市场产品价格高就进入哪个市场，也可能是哪个市场需求大就进入哪个市场，也可能两个因素都会考虑。企业应当根据销售策略明确需要开拓什么市场、开拓几个市场。

② 企业的目标市场是什么？

企业应当根据销售策略和各个市场产品的需求状况、价格水平、竞争对手的情况等明确企业的目标市场。

③ 什么时候开拓目标市场？

在明确了企业的目标市场后，还涉及什么时候进入目标市场的问题，企业应当结合资金状况和产品生产情况明确企业目标市场的开拓时间。

（2）ISO 认证开发规划。企业只有取得 ISO 认证资格，才能在竞单时取得标有 ISO 条件的订单。不同的市场、不同的产品、不同的时期，对 ISO 认证的要求是不同的，不是所有的市场在任何时候对任何产品都有 ISO 认证要求。所以，企业应当对是否进行 ISO 认证开发进行决策。同样，要进行 ISO 认证，需要投入资金。如果企业决定进行 ISO 认证开发，也应当考虑对资金和所有者权益的影响。由于 ISO 认证开发是分期投入的，因此，在进行开发规划时，企业应当考虑以下几个问题：

① 开发何种认证？

ISO 认证包括 ISO9000 认证和 ISO14000 认证。企业可以只开发其中的一种或者两者都开发。到底开发哪种，取决于企业的目标市场对 ISO 认证的要求，取决于企业的资金状况。

② 什么时候开发？

认证开发可以配合市场对认证要求的时间来进行。企业可以从有关市场预测的资料中了解市场对认证的要求情况。一般而言，时间越靠后，市场对认证的要求会越高。企业如果决定进行认证开发，在资金和所有者权益许可的情况下，可以适当提前开发。

（3）产品研发投资规划。企业在经营前期，产品品种单一，销售收入增长缓慢。企业如果要增加收入，就必须多销售产品。而要多销售产品，除了销售市场要足够多之外，还必须要有多样化的产品，因为每个市场对单一产品的需求总是有限的。为此，企业需要做出是否进行新产品研发的决策。企业如果要进行新产品的研发，就需要投入资金，同样会影响当期现金流量和所有者权益。所以，企业在进行产品研发投资规划时，应当注意以下几个问题：

① 企业的产品策略是什么？

由于企业可以研发的产品品种多样，企业需要做出研发哪几种产品的决策。由于资金、产能的原因，企业一般不同时研发所有的产品，而是根据市场的需求和竞争对手的情况，选择其中的一种或两种进行研发。

② 企业从什么时候开始研发哪些产品？

企业决定要研发产品的品种后，需要考虑的就是什么时候开始研发以及研发什么产品的问题。不同的产品可以同时研发，也可以分别研发。企业可以根据市场、资金、产能、竞争对手的情况等方面来确定。

（4）设备投资规划。企业生产设备的数量和质量影响产品的生产能力。企业要提高生产能力，就必须对落后的生产设备进行更新，补充现代化的生产设备。要更新设备，需要用现金支付设备款。支付的设备款计入当期的在建工程，设备安装完成后，增加固定资产。所以，设备投资支付的现金不影响当期的所有者权益，但会影响当期的现金流量。正是因为设备投资会影响现金流量，所以，在设备投资时，应当重点考虑资金的问题，防止出现由于资金问题而投资中断，或者投资完成后由于没有资金不得不停工待料等情况。企业在进行设备投资规划时，应当考虑以下几个问题：

① 新的一年，企业是否要进行设备投资？

应当说，每个企业都希望扩大产能、扩充新生产线、改造落后的生产线，但是，要扩充或更新生产线涉及时机的问题。一般而言，企业如果资金充裕，未来市场容量大，企业就应当考虑进行设备投资，扩大产能；反之，就应当暂缓或不进行设备投资。

② 扩建或更新什么生产线？

由于生产线有手工、半自动、全自动和柔性四种，这就涉及该选择什么生产线的问题。一般情况下，企业应当根据资金状况和生产线是否需要转产等做出决策。

③ 扩建或更新几条生产线？

如果企业决定扩建或更新生产线，还涉及具体的数量问题。扩建或更新生产线的数量，一般根据企业的资金状况、厂房内生产线位置的空置数量、新研发产品的完工时间等来确定。

④ 什么时候扩建或更新生产线？

如果不考虑其他因素，生产线可以在流程规定的每个季度进行扩建或更新，但是，实际运作时，企业不得不考虑当时的资金状况、生产线完工后上线的产品品种、新产品研发完工的时间等因素。一般而言，如果企业有新产品研发，生产线建成的时间最好与其一致（柔性生产线和手工生产线除外），这样可以减少转产和空置的时间。从折旧的角度看，生产线的完工时间最好在某年的第一季度，这样可以相对减少折旧费用。

10.1.1.2　确定可接订单的数量

在新年度规划会议以后，企业要参加一年一度的产品订货会。企业只有参加产品订货会，才能争取到当年的产品销售订单。在产品订货会上，企业要准确拿单，就必须准确计算出当年的产品完工数量，据此确定企业当年甚至每一个季度的可接订单数量。企业某年某产品可接订单数量的计算公式为：

某年某产品可接订单数量=年初该产品的库存量+本年该产品的完工数量

公式中，年初产品的库存量可以从沙盘盘面的仓库中找到，也可以从营销总监的营运记录单中找到（实际工作中从有关账簿中找到）。这里，最关键的是确定本年产品的完工数量。

完工产品数量是生产部门通过排产来确定的。在模拟企业中，生产总监根据企业现有生产线的生产能力，结合企业当期的资金状况确定产品上线时间，再根据产品的生产周期推算产品的下线时间，从而确定出每个季度、每条生产线产品的完工情况。为了准确测算产品的完工时间和数量，模拟企业可以通过编制“产品生产计划”来进行。当然，企业也可以根据产品上线情况同时确定原材料的需求数量。这样，两者结合，既可以确定产品的完工时间和完工数量，又可以确定每个季度原材料的需求量。我们举例介绍该计划的编制方法。

企业某年年初有手工生产线、半自动生产线和全自动生产线各一条（全部空置），预计从第一季度开始在手工生产线上投产 P1 产品，在半自动和全自动生产线上投产 P2 产品（假设产品均已开发完成，可以上线生产；原材料能满足生产需要）。我们可以根据各生产线的生产周期编制产品生产及材料需求计划。企业从第一季度开始连续投产加工产品，第一年第一季度没有完工产品，第二季度完工 1 个 P2 产品，在第三季度完工 2 个 P2 产品，第四季度完工 1 个 P1 产品和 1 个 P2 产品。同时，我们还可以看出企业在每个季度原材料的需求数量。根据该生产计划提供的信息，营销总监可以据此确定可接订单数量，采购总监可以据此作为企业材料采购的依据。

需要注意的是，在编制产品生产及材料需求计划时，企业首先应明确产品在各条生产线上的投产时间，然后根据各生产线的生产周期推算每条生产线投产产品的完工时间，最后，将各条生产线完工产品的数量加总，得出企业在某一时期每种产品的完工数量。同样，依据生产与用料的关系，企业根据产品的投产数量可以推算出各种产品投产时需要投入的原材料数量，然后，将各条生产线上需要的原材料数量加总，可以得到企业在每个季度所需要的原材料数量。采购总监可以根据该信息确定企业需要采购什么、什么时间采购、采购多少等。

10.1.2　参加订货会、支付广告费、登记销售订单

销售产品必须要有销售渠道。对模拟企业而言，销售产品的唯一途径就是参加产品订货会，争取销售订单。参加产品订货会需要在目标市场投放广告费，只有投放了广告费，企业才有资格在该市场争取订单。

在参加订货会之前，企业需要分市场、分产品在“竞单表”上登记投放的广告费金额。“竞单表”是企业争取订单的唯一依据，也是企业当期支付广告费的依据，应当采取科学的态度，认真对待。

一般情况下，营销总监代表企业参加订货会，争取销售订单。但为了从容应对竞单过程中可能出现的各种复杂情况，也可营销总监与CEO或采购总监一起参加订货会。竞单时，应当根据企业的可接订单数量选择订单，尽可能按企业的产能争取订单，使企业生产的产品在当年全部销售。应当注意的是，企业争取的订单一定不能突破企业的最大产能，否则，如果不能按期交单，将给企业带来巨大的损失。

在沙盘模拟实训中，广告费一般在参加订货会后一次性支付。所以，企业在投放广告时，应当充分考虑企业的支付能力。也就是说，投放的广告费一般不能突破企业年初未经营前现金库中的现金余额。

为了准确掌握销售情况，科学制订本年度工作计划，企业应将参加订货会争取的销售订单进行登记。拿回订单后，财务总监和营销总监分别在任务清单的“订单登记表”中逐一对订单进行登记。为了将已经销售和尚未销售的订单进行区分，营销总监在登记订单时，只登记订单号、销售数量、账期，暂时不登记销售额、成本和毛利，当产品销售时，再进行登记。

10.1.3 制订新年度计划

企业参加订货会取得销售订单后，已经明确了当年的销售任务。企业应当根据销售订单对前期制定的新年度规划进行调整，制订新年度工作计划。新年度工作计划是企业在新的一年为了开展各项经营活动而事先进行的工作安排，它是企业执行各项任务的基本依据。新年度工作计划一般包括投资计划、生产计划、销售计划、采购计划、资金筹集计划等。在沙盘模拟实训中，当企业取得销售订单后，企业的销售任务基本明确，已经不需要制订销售计划了。这样，企业的新年度计划主要围绕生产计划、采购计划和资金的筹集计划来进行。

为了使新年度计划更具有针对性和科学性，计划一般是围绕预算来制订的。预算可以将企业的经营目标分解为一系列具体的经济指标，使生产经营目标进一步具体化，并落实到企业的各个部门，这样企业的全体员工就有了共同努力的方向。在沙盘模拟实训中，模拟企业通过编制预算，特别是现金预算，可以在企业经营之前预见经营过程中可能出现的现金短缺或盈余，便于企业安排资金的筹集和使用；同时，通过预算，可以对企业的规划及时进行调整，防止出现由于资金断流而破产的情况。

现金预算，首先需要预计现金收入和现金支出。实际工作中，现金收入和支出只能进行合理预计，很难进行准确测算。在沙盘模拟实训中，现金收入相对比较单一，主要是销售产品收到的现金，可以根据企业的销售订单和预计交单时间准确估算。现金支出主要包括投资支出、生产支出、采购材料支出、综合费用支出和日常管理费用支出等。这些支出可以进一步分为固定支出和变动支出两部分。固定支出主要是投资支出、综合费用支出、管理费用支出等，企业可以根据规则和企业的规划准确计算。变动支出是随产品生产数量的变化而变化的支出，主要是生产支出和材料采购支出。企业可以根据当年的生产线和销售订单情况安排生产，在此基础上通过编制产品生产与材料需求计划，准确地测算出每个季度投产所需要的加工费。同时，根据材料需求计划确定材料采购计划，准确计算企业在每个季度采购材料所需要的采购费用。这样，通过预计现金收入和现金支出，企业可以比较准确地预计企业现金的短缺或盈余。如果现金短缺，就应当想办法筹集资金。如果不能筹集资金，就必须调整规划或计划，减少现金支出。反之，如果现金有较多盈余，可以调整规划或计划，增加长期资产的投资，增强企业的后续发展实力。

实际工作中，企业要准确编制预算，首先应预计预算期产品的销售量，在此基础上编制销售预算，预计现金收入；然后，编制生产预算和费用预算，预计预算期的现金支出；最后编制现金预算。在沙盘模拟实训中，预算编制的程序与实际工作基本相同，但由于业务简化，可以采用简化的程序，即根据销售订单，先编制产品生产计划，再编制材料采购计划，最后编制现金预算。

1. 生产计划

在沙盘模拟实训中，编制生产计划的主要目的是确定产品投产的时间和投产的品种（当然也可以预计产品完工的时间），从而预计产品投产需要的加工费和原材料。生产计划主要包括产品生产及材料需求计划、开工计划、原材料需求计划等。

前面我们已经介绍，企业在参加订货会之前，为了准确计算新年产品的完工数量，已经根据自己的生产线情况编制了产品生产及材料需求计划。但是，由于取得的销售订单可能与预计有差异，企业有时需要根据取得的销售订单对产品生产计划进行调整，为此，就需要重新编制该计划。然后，企业根据确定的新的产品生产及材料需求计划，编制开工计划和材料需求计划。

开工计划是生产总监根据产品生产及材料需求计划编制的，它将各条生产线产品投产数量按产品加总，将分散的信息集中在一起，可以直观看出企业在每个季度投产了哪些产品、分别有多少。同时，根据产品的投产数量，能准确计算出每个季度投产产品所需要的加工费。财务总监根据该计划提供的加工费信息，将其作为编制现金预算的依据之一。下面举例根据产品生产及材料需求计划企业编制开工计划。

假如从产品生产及材料需求计划可以看出，企业在第一季度投产 1 个 P1 产品、2 个 P2 产品，共计投产 3 个产品。根据规则，每个产品上线需投入加工费 1M，第一季度投产 3 个产品，需要 3M 的加工费。同样，企业根据产品投产数量可以推算出第二、三、四季度需要的加工费。

生产产品必须要有原材料，没有原材料，企业就无法进行产品生产。企业要保证材料的供应，就必须事先知道企业在什么时候需要什么材料、需要多少。企业可以根据产品生产及材料需求计划编制材料需求计划，确定企业在每个季度所需要的材料。材料需求计划可以直观反映企业在某一季度所需要的原材料数量，采购总监可以据此订购所需要的原材料，保证原材料的供应。

2. 材料采购计划

企业要保证材料的供应，必须提前订购材料。实际工作中，采购材料可能是现款采购，也可能是赊购。在沙盘模拟实训中，一般采用的是现款采购的规则。也就是说，订购的材料到达企业时，企业必须支付现金。

材料采购计划相当于实际工作中企业编制的直接材料预算，它是以生产需求计划为基础编制的。在编制材料采购计划时，主要应当注意三个问题：

（1）订购的数量。订购材料的目的是保证生产的需要。如果订购过多，占用了资金，就会造成资金使用效率的下降；如果订购过少，则不能满足生产的需要。所以，材料的订购数量应当以既能满足生产需要，又不造成资金的积压为原则，尽可能做到材料零库存。为此，应当根据原材料的需要量和原材料的库存数量来确定原材料的订购数量。

（2）订购的时间。一般情况下，企业订购的材料当季度不能入库，要在下一季度或下下季度才能到达企业。为此，企业在订购材料时，应当考虑材料运输途中的时间，即材料提前订货期。

（3）采购材料付款的时间和金额。采购的材料一般在入库时付款，付款的金额就是材料入库应支付的金额。如果订购了材料，就必须按期购买。当期订购的材料不需要支付现金。

企业编制材料采购计划，可以明确企业订购材料的时间。采购总监可以根据该计划订购材料，防止多订、少订、漏订材料，保证生产的需要。同时，财务总监根据该计划可以了解企业采购材料的资金需要情况，及时纳入现金预算，保证资金的供应。

下面举例根据材料需求计划，采购总监编制该企业的材料采购计划。

假如从材料需求计划中可以看出，企业在每个季度都需要一定数量的 R1 和 R2 原材料。根据规则，R1 和 R2 材料的提前订货期均为一个季度，也就是说，企业需要提前一个季度订购原材料。比如，企业在本年第一季度需要 3 个 R1 和 2 个 R2，则必须在上年的第四季度订购。当上年第四季度订购的材料在本年第一季度入库时，需要支付材料款 5M。同样，企业可以推算在每个季度需要订购的原材料以及付款的金额。据此，采购总监编制材料采购计划。

3. 现金预算

企业在经营过程中，常常出现现金短缺的“意外”情况，使得正常经营不得不中断，搞得经营者焦头烂额。其实，仔细分析我们会发现，这种“意外”情况的发生不外乎两方面的原因：第一，企业没有正确编制预算，导致预算与实际严重脱节；第二，企业没有严格按计划进行经营，导致实际严重脱离预算。为了合理安排和筹集资金，企业在经营之前应当根据新年度计划编制现金预算。

现金预算是有关预算的汇总，由现金收入、现金支出、现金多余或不足、资金的筹集和运用四个部分组成。现金收入部分包括期初现金余额和预算期现金收入两部分。现金支出部分包括预算的各项现金支出。现金多余或不足是现金收入合计与现金支出合计的差额。差额为正，说明收入大于支出，现金有多余，可用于偿还借款或用于投资；差额为负，说明支出大于收入，现金不足，需要筹集资金或调整规划或计划，减少现金支出。资金的筹集和运用部分是当企业现金不足或富裕时，筹集或使用的资金。

在沙盘模拟实训中，企业取得销售订单后，现金收入基本确定。当企业当年的投资和主生产计划确定后，企业的现金支出也基本确定，所以，企业应该能够通过编制现金预算准确预计企业经营期的现金多余或不足，可以有效预防“意外”情况的发生。如果企业通过编制现金预算发现资金短缺，而且通过筹资仍不能解决，则应当修订企业当年的投资和经营计划，最终使企业的资金满足需要。

现金预算表的格式有多种，可以根据实际需要自己设计。这里，我们介绍其中的一种，这种格式是根据模拟实训企业的运营规则设计的。下面我们简要举例介绍现金预算表的编制。根据前面的资料，编制该企业该年的现金预算表。假设该企业有关现金预算资料如下：

年初现金：18M；

上年应交税费：0；

支付广告费：6M；

应收账款到期：第一季度 15M，第二季度 8M，第三季度 12M，第四季度 18M；

年末偿还长期贷款利息：4M；

年末支付设备维护费：4M；

投资规划：从第一季度开始连续开发 P2 和 P3 产品，开发国内和亚洲市场，同时进行 ISO9000 和 ISO14000 认证，从第三季度开始购买安装两条全自动生产线。产品生产及材料采购需要的资金见前面的开工计划和材料采购计划。

我们可以根据该规划，结合生产和材料采购计划，编制该企业的现金预算表，如表 10-1 所示。

表 10-1　　现金预算表　　单位：M

项目	第一季度	第二季度	第三季度	第四季度
期初库存现金	18	15	16	10
支付上年应交税费				
市场广告投入	6			
支付短期贷款利息				
支付到期短期贷款本金				
支付到期的应付款				
支付原材料采购现金	5	2	4	3
支付生产线投资			8	8
支付转产费用				
支付产品加工费用	3	1	2	2
收到现金前的所有支出	14	3	14	13

表10-1(续)

项目	第一季度	第二季度	第三季度	第四季度
应收账款到期收到现金	15	8	12	18
支付产品研发投资	3	3	3	3
支付管理费	1	1	1	1
支付长期贷款利息				4
偿还到期的长期贷款				
支付设备维护费用				4
支付租金				
支付购买厂房费用				
支付市场开拓费用				2
支付 ISO 认证费				2
其他				
现金收入合计	15	8	12	18
现金支出合计	18	7	18	27
现金多余或不足	15	16		1
向银行贷款				20
贴现收到现金				
期末现金余额	15	16	10	21

从编制的现金预算表可以看出，企业在第一、二、三季度收到现金前的支出都小于或等于期初的现金，而且期末现金余额都大于零，说明现金能满足需要。第三季度末，企业现金余额为 10M，也就是说，第四季度期初库存现金为 10M，但是，第四季度在收到现金前的现金支出为 13M，大于可使用的资金，这样，企业必须在第三季度或第四季度初筹集资金。因为企业可以在每季度初借入短期借款，所以，企业应当在第四季度初贷入 20M 的短期贷款。

综上所述，企业为了合理组织和安排生产，在年初首先应当编制产品生产及材料需求计划，明确企业在计划期内根据产能所能生产的产品数量。营销总监可以根据年初库存的产品数量和计划年度的完工产品数量确定可接订单数量，并根据确定的可接订单数量参加产品订货会。订货会结束后，企业根据确定的计划年度产品销售数量安排生产。为了保证材料的供应，生产总监根据确定的生产计划编制材料需求计划，采购总监根据生产总监编制的材料需求计划编制材料采购计划。财务总监根据企业规划确定的费用预算、生产预算和材料需求预算编制资金预算，明确企业在计划期内资金的使用和筹集。

10.1.4 支付应付税

依法纳税是每个公民应尽的义务。企业在年初应支付上年应交的税金。企业按照上年资产负债表中“应交税费”项目的数值交纳税金。交纳税金时，财务总监从现金库中拿出相应现金放在沙盘“综合费用”的“税金”处，并在运营任务清单对应的方格内记录现金的减少数。

10.2　模拟企业日常运营

企业制订新年度计划后，就可以按照运营规则和工作计划进行经营了。模拟企业日常运营应当按照一定的流程来进行，这个流程就是任务清单。任务清单反映了企业在运行过程中的先后顺序，必须按照这个顺序进行。

为了对模拟企业的日常运营有一个详细的了解，这里，我们按照任务清单（见表10-2）的顺序，对日常运营过程中的操作要点进行介绍。

表10-2　　企业运营任务清单（1~6年）

企业经营流程 请按顺序执行下列各项操作	每执行完一项操作，CEO请在相应的方格内打“√” 财务总监（助理）在方格中填写现金收支情况			
新年度规划会议				
参加订货会/登记销售订单				
制订新年度计划				
支付应付税				
季初现金盘点（请填余额）				
更新短期贷款/还本付息/申请短期贷款（高利贷）				
更新应付款/归还应付款				
原材料入库/更新原料订单				
下原料订单				
更新生产/完工入库				
投资新生产线/变卖生产线/生产线转产				
向其他企业购买原材料/出售原材料				
开始下一批生产				
更新应收款/应收款收现				
出售厂房				
向其他企业购买成品/出售成品				
按订单交货				
产品研发投资				
支付行政管理费				
其他现金收支情况登记				
支付利息/更新长期贷款/申请长期贷款				

表10-2(续)

支付设备维护费				
支付租金/购买厂房				
计提折旧				(　)
新市场开拓/ISO 资格认证投资				
结账				
现金收入合计				
现金支出合计				
期末现金对账（请填余额）				

10.2.1　季初盘点

为了保证账实相符，企业应当定期对企业的资产进行盘点。在沙盘模拟实训中，企业的资产主要包括现金、应收账款、原材料、在产品、产成品等流动资产，以及在建工程、生产线、厂房等固定资产。盘点的方法主要采用实地盘点法，就是对沙盘盘面的资产逐一清点，确定出实有数，然后将任务清单上记录的余额与其核对，最终确定出余额。

盘点时，CEO 指挥、监督团队成员各司其职，认真进行。如果盘点的余额与账面数一致，各成员就将结果准确无误地填写在任务清单的对应位置。季初余额等于上一季度末余额，由于上一季度末刚盘点完毕，所以可以直接根据上季度的季末余额填入。

操作要点如下：

（1）财务总监：根据上季度末的现金余额填写本季度初的现金余额。第一季度现金账面余额的计算公式：

年初现金余额=上年末库存现金-支付的本年广告费-支付上年应交的税费+其他收到的现金

（2）采购总监：根据上季度末库存原材料数填写本季度初库存原材料。

（3）生产总监：根据上季度末库存在产品数量填写本季度初在产品数量。

（4）营销总监：根据上季度末产成品数量填写本季度初产成品数量。

（5）CEO：在监督各成员正确完成以上操作后，在运营任务清单对应的方格内打“√”。

10.2.2　更新短期贷款/还本付息/申请短期贷款（高利贷）

企业要发展，资金是保证。在经营过程中，如果缺乏资金，正常的经营可能都无法进行，更谈不上扩大生产和进行无形资产投资了。如果企业的经营活动正常，从长远发展的角度来看，应适度举债，“借鸡生蛋”。

在沙盘模拟实训中，企业筹集资金的方式主要是长期贷款和短期贷款。长期贷款主要是用于长期资产投资，比如购买生产线、产品研发等，短期贷款主要解决流动资金不足的问题，两者应结合起来使用。短期贷款的借入、利息的支付和本金的归还都是在每个季度初进行的。其余时间要筹集资金，只能采取其他的方式，不能贷入短期贷款。

操作要点如下：

（1）财务总监，包括：

① 更新短期贷款。将短期借款往现金库方向推进一格，表示短期贷款离还款时间更接近。如果短期借款已经推进现金库，则表示该贷款到期，应还本付息。

② 还本付息。财务总监从现金库中拿出利息放在沙盘“综合费用”的“利息”处；拿出相当于应归还借款本金的现金到交易处偿还短期借款。

③ 申请短期贷款。如果企业需要借入短期借款，则财务总监填写“公司贷款申请表”到交易处借款。短期借款借入后，放置一个空桶在短期借款的第四账期处，在空桶内放置一张借入该短期借款信息的纸条，并将现金放在现金库中。

④ 记录。在“公司贷款登记表”上登记归还的本金金额；在任务清单对应的方格内记录偿还的本金、支付利息的现金减少数；登记借入短期借款增加的现金数。

（2）CEO：在监督财务总监正确完成以上操作后，在运营任务清单对应的方格内打“√”。

10.2.3 更新应付款/归还应付款

企业如果采用赊购方式购买原材料，就涉及应付账款。如果应付账款到期，必须支付货款。企业应在每个季度对应付款进行更新。

操作要点如下：

（1）财务总监，包括：

① 更新应付款。将应付款向现金库方向推进一格，当应付款到达现金库时，表示应付款到期，必须用现金偿还，不能延期。

② 归还应付款。从现金库中取出现金付清应付款。

③ 记录。在任务清单对应的方格内登记现金的减少数。

（2）CEO：在监督财务总监正确完成以上操作后，在任务清单对应的方格内打“√”。本次实训的规则中不涉及应付款，不进行操作，直接在任务清单对应的方格内打“×”。

10.2.4 原材料入库/更新原料订单

企业只有在前期订购了原材料，在交易处登记了原材料采购数量的，才能购买原材料。每个季度，企业应将沙盘中的“原材料订单”向原材料仓库推进一格，表示更新原料订单。如果原材料订单本期已经推到原材料库，表示原材料已经到达企业，企业应验收入库材料，并支付相应的材料款。

操作要点如下：

（1）采购总监，包括：

① 购买原材料。持现金和“采购登记表”在交易处买回原材料后，放在沙

盘对应的原材料库中。

② 记录。在“采购登记表”中登记购买的原材料数量，同时在任务清单对应的方格内登记入库的原材料数量。

③ 如果企业订购的原材料尚未到期，则采购总监在任务清单对应的方格内打“√”。

（2）财务总监，包括：

① 付材料款。从现金库中拿出购买原材料需要的现金交给采购总监。

② 记录。在运营任务清单对应的方格内填上现金的减少数。

（3）CEO：在监督财务总监和采购总监正确完成以上操作后，在任务清单对应的方格内打“√”。

10.2.5 下原料订单

企业购买原材料必须提前在交易处下原料订单，没有下订单不能购买。下原料订单不需要支付现金。

操作要点如下：

（1）采购总监，包括：

① 下原料订单。在“采购登记表”上登记订购的原材料品种和数量，在交易处办理订货手续；将从交易处取得的原材料采购订单放在沙盘的“原材料订单”处。

② 记录。在任务清单对应的方格内记录订购的原材料数量。

（2）CEO：在监督采购总监正确完成以上操作后，在任务清单对应的方格内打“√”。

10.2.6 更新生产/完工入库

一般情况下，产品加工时间越长，完工程度越高。企业应在每个季度更新生产。当产品完工后，应及时下线入库。

操作要点如下：

（1）生产总监，包括：

① 更新生产。将生产线上的在制品向前推一格。如果产品已经推到生产线以外，表示产品完工下线，将该产品放在产成品库对应的位置。

② 记录。在任务清单对应的方格内记录完工产品的数量。如果产品没有完工，则在运营任务清单对应的方格内打“√”。

（2）CEO：在监督生产总监正确完成以上操作后，在任务清单对应的方格内打“√”。

10.2.7 投资新生产线/变卖生产线/生产线转产

企业要提高产能，必须对生产线进行改造，包括新购、变卖和转产等。新购的生产线安置在厂房空置的生产线位置；如果没有空置的位置，必须先变卖生产线。变卖生产线主要是出于战略的考虑，比如将手工生产线换成全自动生产线等。如果生产线要转产，应当考虑转产周期和转产费。

操作要点如下：

1. 投资新生产线

（1）生产总监，包括：

① 领取标识。在交易处申请新生产线标识，将标识翻转放置在某厂房空置的生产线位置，并在标识上面放置与该生产线安装周期期数相同的空桶，代表安装周期。

② 支付安装费。每个季度向财务总监申请建设资金，放置在其中的一个空桶内。每个空桶内都放置了建设资金，表明费用全部支付完毕，生产线在下一季度建设完成。在全部投资完成后的下一季度，将生产线标识翻转过来，领取产品标识，可以投入使用。

（2）财务总监，包括：

① 支付生产线建设费。从现金库取出现金交给生产总监用于生产线的投资。

② 记录。在运营任务清单对应的方格内填上现金的减少数。

2. 变卖生产线

（1）生产总监，包括：

① 变卖。生产线只能按残值变卖。变卖时，将生产线及其产品生产标识交还给交易处，并将生产线的净值从“价值”处取出，将等同于变卖的生产线的残值部分交给财务总监，相当于变卖收到的现金。

② 净值与残值差额的处理。如果生产线净值大于残值，则将净值大于残值的差额部分放在“综合费用”的“其他”处，表示出售生产线的净损失。

（2）财务总监，包括：

① 收现金。将变卖生产线收到的现金放在现金库。

② 记录。在运营任务清单对应的方格内记录现金的增加数。

3. 生产线转产

（1）生产总监，包括：

① 更换标识。持原产品标识在交易处更换新的产品生产标识，并将新的产品生产标识反扣在生产线的“产品标识”处，待该生产线转产期满可以生产产品时，再将该产品标识正面放置在“标识”处。

② 支付转产费。如果转产需要支付转产费，还应向财务总监申请转产费，将转产费放在“综合费用”的“转产费”处。

③ 记录。正确完成以上全部操作后，在运营任务清单对应的方格内打“√”；如果不进行上面的操作，则在运营任务清单对应的方格内打“×”。

（2）财务总监，包括：

① 支付转产费。如果转产需要转产费，将现金交给生产总监。

② 记录。在运营任务清单对应的方格内登记支付转产费而导致的现金减少数。

（3）CEO：在监督生产总监正确完成以上操作后，在运营任务清单对应的方格内打“√”。如果不进行上面的操作，则在运营任务清单对应的方格内打“×”。

10.2.8 向其他企业购买原材料/出售原材料

企业如果没有下原材料订单，就不能购买材料。如果企业生产急需材料，又不能从交易处购买，就只能从其他企业购买。当然，如果企业有暂时多余的材料，也可以向其他企业出售，收回现金。

1. 向其他企业购买原材料

操作要点如下：

（1）采购总监，包括：

① 谈判。在进行组间的原材料买卖时，首先双方要谈妥材料的交易价格，并采取一手交钱一手交货的方式进行交易。

② 购买原材料。本企业从其他企业处购买原材料，首先从财务总监处申请取得购买材料需要的现金，买进材料后，将材料放进原材料库。应当注意的是，材料的成本是企业从其他企业购买材料支付的价款，在计算产品成本时应把该成本作为领用材料的成本。

③ 记录。在任务清单对应的方格内填上购入的原材料数量，并记录材料的实际成本。

（2）财务总监，包括：

① 付款。将购买材料需要的现金交给采购总监。

② 记录。将购买原材料支付的现金数记录在任务清单对应的方格内。

2. 向其他企业出售原材料

操作要点如下：

（1）采购总监，包括：

① 出售原材料。首先从原材料库取出原材料，收到对方支付的现金后将原材料交给购买方，并将现金交给财务总监。

② 记录。在任务清单对应的方格内填上因出售而减少的原材料数量。

（2）财务总监，包括：

① 收现金。将出售材料收到的现金放进现金库。

② 交易收益的处理。如果出售原材料收到的现金超过购进原材料的成本，表示企业取得了交易收益，财务总监应当将该收益记录在利润表的“其他收入/支出”栏（为正数）。

③ 记录。将出售原材料收到的现金数记录在任务清单对应的方格内。

（3）CEO：在监督采购总监和财务总监正确完成以上操作后，在运营任务清单对应的方格内打“√”。如果不进行上面的操作，则在运营任务清单对应的方格内打“×”。

10.2.9 开始下一批生产

企业如果有闲置的生产线，尽量安排生产。因为闲置的生产线仍然需要支付设备维护费、计提折旧，企业只有生产产品，并将这些产品销售出去，这些固定费用才能得到弥补。

操作要点如下：

（1）生产总监，包括：

① 领用原材料。从采购总监处申请领取生产产品需要的原材料。

② 取得加工费。从财务总监处申请取得生产产品需要的加工费。

③ 上线生产。将生产产品所需要的原材料和加工费放置在空桶中（一个空桶代表一个产品），然后将这些空桶放置在空置的生产线上，表示开始投入产品生产。

④ 记录。在任务清单对应的方格内登记投产产品的数量。

（2）财务总监，包括：

① 支付现金。审核生产总监提出的产品加工费申请后，将现金交给生产总监。

② 记录。在任务清单对应的方格内登记现金的减少数。

（3）采购总监，包括：

① 发放原材料。根据生产总监的申请，发放生产产品所需要的原材料。

② 记录。在运营任务清单对应的方格内登记生产领用原材料导致原材料的减少数。

（4）CEO：在监督正确完成以上操作后，在任务清单对应的方格内打“√”。

10.2.10 更新应收款/应收款收现

在沙盘模拟实训中，企业销售产品一般收到的是“欠条”——应收款。每个季度，企业应将应收款向现金库方向推进一格，表示应收款账期的减少。当应收款被推进现金库时，表示应收款到期，企业应持应收款凭条到交易处领取现金。

操作要点如下：

（1）财务总监，包括：

① 更新应收款。将应收款往现金库方向推进一格。当应收款推进现金库时，表示应收款到期。

② 应收款收现。如果应收款到期，持“应收账款登记表”、任务清单和应收款凭条到交易处领回相应现金。

③ 记录。在运营任务清单对应的方格内登记应收款到期收到的现金数。

（2）CEO：在监督正确完成以上操作后，在运营任务清单对应的方格内打“√”。

10.2.11 出售厂房

企业如果需要筹集资金，可以出售厂房。如果出售，厂房将按原值出售。出售厂房当期不能收到现金，只能收到一张4个账期的应收款凭条。如果没有厂房，当期必须支付租金。

操作要点如下：

（1）生产总监，包括：

① 出售厂房。企业出售厂房时，将厂房价值拿到交易处，领回40M的应收

款凭条，交给财务总监。

② 记录。在任务清单对应的方格内打“√”。

（2）财务总监，包括：

① 收到应收款凭条。将收到的应收款凭条放置在沙盘应收款的4Q处。

② 记录。在“应收账款登记表”上登记收到的应收款金额和账期，在任务清单对应的方格内打“√”。

（3）CEO：在监督正确完成以上操作后，在任务清单对应的方格内打“√”。

10.2.12 向其他企业购买成品/出售成品

企业参加产品订货会时，如果取得的销售订单超过了企业最大生产能力，当年不能按订单交货，则构成违约，按规则将受到严厉的惩罚。为此，企业可以从其他企业购买产品来交单。当然，如果企业有库存积压的产品，也可以向其他企业出售。

1. 向其他企业购买产品

操作要点如下：

（1）营销总监，包括：

① 谈判。在进行组间的产品买卖时，首先双方要谈妥产品的交易价格，并采取一手交钱一手交货的交易方式进行交易。

② 购买。从财务总监处申请取得购买产品所需要的现金，买进产品后，将产品放置在对应的产品库。注意：购进的产品成本应当是购进时支付的价款，在计算产品销售成本时应当按该成本计算。

③ 记录。在任务清单对应的方格内记录购入的产品数量。

（2）财务总监，包括：

① 付款。根据营销总监的申请，审核后，支付购买材料需要的现金。

② 记录。将购买产品支付的现金数记录在运营任务清单对应的方格内。

2. 向其他企业出售产品

操作要点如下：

（1）营销总监，包括：

① 出售。从产品库取出产品，从买方处取得现金后将产品交给购买方，并将现金交给财务总监。

② 记录。出售导致产品的减少，所以，营销总监应在运营任务清单对应的方格内填上因出售而减少的产品数量。

（2）财务总监，包括：

① 收到现金。将出售产品收到的现金放进现金库。

② 出售收益的处理。如果出售产品多，收到了现金，即组间交易出售产品价格高于购进产品的成本，表示企业取得了交易收益，应当在编制利润表时将该收益记录在利润表的“其他收入/支出”栏（为正数）。

③ 记录。将出售产品收到的现金数记录在任务清单对应的方格内。

（3）CEO：在监督营销总监和财务总监正确完成以上操作后，在运营任务清单对应的方格内打“√”。如果不进行上面的操作，则在运营任务清单对应的方格内打“×”。

10.2.13 按订单交货

企业只有将产品销售出去才能实现收入，也才能收回垫支的成本。产品生产出来后，企业应按销售订单交货。

操作要点如下：

（1）营销总监，包括：

① 销售。销售产品前，首先在“订单登记表”中登记销售订单的销售额，计算出销售成本和毛利之后，将销售订单和相应数量的产品拿到交易处销售。销售后，将收到的应收款凭条或现金交给财务总监。

② 记录。在完成上述操作后，在运营任务清单对应的方格内打“√”。如果不进行上面的操作，则在任务清单对应的方格内打“×”。

（2）财务总监，包括：

① 收到销货款。如果销售取得的是应收款凭条，则将凭条放在应收款相应的账期处；如果取得的是现金，则将现金放进现金库。

② 记录。如果销售产品收到的是应收款凭条，在“应收账款登记表”上登记应收款的金额；如果收到现金，在任务清单对应的方格内登记现金的增加数。

（3）CEO：在监督营销总监和财务总监正确完成以上操作后，在运营任务清单对应的方格内打“√”。如果不进行上面的操作，则在运营任务清单对应的方格内打“×”。

10.2.14 产品研发投资

企业要研发新产品，必须投入研发费用。每季度的研发费用在季末一次性支付。当新产品研发完成，企业在下一季度可以投入生产。

操作要点如下：

（1）营销总监，包括：

① 研发投资。企业如果需要研发新产品，则从财务总监处申请取得研发所需要的现金，放置在产品研发对应位置的空桶内。如果产品研发投资完成，则从交易处领取相应产品的生产资格证放置在“生产资格”处。企业取得生产资格证后，从下一季度开始，可以生产该产品。

② 记录。在运营任务清单对应的方格内打“√”。

（2）财务总监，包括：

① 支付研发费。根据营销总监提出的申请，审核后，用现金支付。

② 记录。如果支付了研发费，则在运营任务清单对应的方格内登记现金的减少数。

（3）CEO：在监督完成以上操作后，在运营任务清单对应的方格内打“√”。如果不进行上面的操作，则在运营任务清单对应的方格内打“×”。

10.2.15 支付行政管理费

企业在生产经营过程中会发生诸如办公费、人员工资等管理费用。在沙盘模拟实训中，行政管理费在每季度末一次性支付1M，无论企业经营情况好坏、业务量多少，都是固定不变的，这是与实际工作的差异之处。

操作要点如下：

（1）财务总监，包括：

① 支付管理费。每季度从现金库中取出1M现金放置在综合费用的“管理费”处。

② 记录。在任务清单对应的方格内登记现金的减少数。

（2）CEO：在监督完成以上操作后，在运营任务清单对应的方格内打“√”。

10.2.16 其他现金收支情况登记

企业在经营过程中可能会发生除上述情形外的其他现金收入或支出，企业应将这些现金收入或支出进行记录。

操作要点如下：

（1）财务总监：企业如果有其他现金增加或减少的情况，则在运营任务清单对应的方格内登记现金的增加或减少数。

（2）CEO：在监督完成以上操作后，在运营任务清单对应的方格内打“√”。如果不进行上面的操作，则在任务清单对应的方格内打“×”。

10.2.17 季末盘点

每季度末，企业应对现金、原材料、在产品和产成品进行盘点，并将盘点的数额与账面结存数进行核对。如果账实相符，则将该数额填写在任务清单对应的方格内。如果账实不符，则找出原因后再按照实际数填写。

余额的计算公式为：

现金余额=季初余额+现金增加额-现金减少额

原材料库存余额=季初原材料库存数量+本期原材料增加数量-本期原材料减少数

在产品余额=季初在产品数量+本期在产品投产数量-本期完工产品数量

产成品余额=季初产成品数量+本期产成品完工数量-本期产成品销售数量

10.3 模拟企业年末工作

企业日常经营活动结束后，年末进行各种账项的计算和结转，编制各种报表，计算当年的经营成果，反映当前的财务状况，并对当年经营情况进行分析总结。

10.3.1　支付利息/更新长期贷款/申请长期贷款

企业为了发展，可能需要借入长期贷款。长期贷款主要是用于长期资产投资，比如购买生产线、产品研发等。沙盘企业中，长期贷款只能在每年年末进行，贷款期限在一年以上，每年年末付息一次，到期还本。本年借入的长期借款下年末支付利息。

操作要点如下：

（1）财务总监，包括：

① 支付利息。根据企业已经借入的长期借款计算本年应支付的利息，之后，从现金库中取出相应的利息放置在“综合费用”的“利息”处。

② 更新长期贷款。将长期借款往现金库推进一格，表示偿还期的缩短。如果长期借款已经被推至现金库中，表示长期借款到期，应持相应的现金和“贷款登记表”到交易处归还该借款。

③ 申请长期贷款。持上年报表和“贷款申请表”到交易处，经交易处审核后发放贷款。收到贷款后，将现金放进现金库中；同时，放一个空桶在长期贷款对应的账期处，空桶内写一张注明贷款金额、账期和贷款时间的长期贷款凭条。如果长期贷款续贷，财务总监持上年报表和“贷款申请表”到交易处办理续贷手续。之后，同样放一个空桶在长期贷款对应的账期处，空桶内写一张注明贷款金额、账期和贷款时间的凭条。

④ 记录。在任务清单对应的方格内登记支付利息、归还本金导致的现金减少数，以及借入长期借款增加的现金数。

（2）CEO：在监督财务总监完成以上操作后，在运营任务清单对应的方格内打“√”。如果不进行上面的操作，则在运营任务清单对应的方格内打“×”。

10.3.2　支付设备维护费

设备使用过程中会发生磨损，要保证设备正常运转，就需要进行维护。设备维护会发生诸如材料费、人工费等维护费用。在沙盘模拟实训中，只有生产线需要支付维护费。年末，只要有生产线，无论是否生产，都应支付维护费。尚未安装完工的生产线不支付维护费。设备维护费每年年末用现金一次性集中支付。

操作要点如下：

（1）财务总监，包括：

① 支付维护费。根据期末现有完工的生产线支付设备维护费。支付设备维护费时，从现金库中取出现金放在“综合费用”的“维护费”处。

② 记录。在任务清单对应的方格内登记现金的减少数。

（2）CEO：在监督财务总监完成以上操作后，在运营任务清单对应的方格内打“√”。

10.3.3　支付租金/购买厂房

企业要生产产品，必须要有厂房。厂房可以购买，也可以租用。年末，企业如果在使用没有购买的厂房，则必须支付租金；如果不支付租金，则必须购买。

操作要点如下：

（1）财务总监，包括：

① 支付租金。从现金库中取出现金放在“综合费用”的“租金”处。

② 购买厂房。从现金库中取出购买厂房的现金放在厂房的“价值”处。

③ 记录。在任务清单对应的方格内登记支付租金或购买厂房减少的现金数。

（2）CEO：在监督财务总监完成以上操作后，在运营任务清单对应的方格内打“√”。如果不进行上面的操作，则在运营任务清单对应的方格内打“×”。

10.3.4 计提折旧

固定资产在使用过程中会发生损耗，导致价值降低，因此，应对固定资产计提折旧。在沙盘模拟实训中，固定资产计提折旧的时间、范围和方法可以与实际工作一致，也可以采用简化的方法。本教材计提折旧规则采用了简化的处理方法，与实际工作有一些差异。这些差异主要表现在：折旧在每年年末计提一次，计提折旧的范围仅仅限于生产线，折旧的方法采用直线法取整计算。在会计处理上，折旧费全部作为当期的期间费用，没有计入产品成本。

操作要点如下：

（1）财务总监，包括：

① 计提折旧。根据规则对生产线计提折旧。本教材采用的折旧规则是按生产线净值的1/3向下取整计算。比如，生产线的净值为10M，折旧为3M；净值为8M，折旧为2M。计提折旧时，根据计算的折旧额从生产线的“价值”处取出相应的金额放置在“综合费用”旁的“折旧”处。

② 记录。在运营任务清单对应的方格内登记折旧的金额。注意，在计算现金支出时，折旧不能计算在内，因为折旧并没有减少现金。

（2）CEO：在监督财务总监完成以上操作后，在运营任务清单对应的方格内打“√”。

10.3.5 新市场开拓/ISO资格认证投资

企业要扩大产品的销路必须开拓新市场。开拓不同的市场所需要的时间和费用是不相同的。有的市场对产品有ISO资格认证要求，企业需要进行ISO资格认证投资。在沙盘模拟实训中，每年开拓市场和ISO资格认证的费用在年末一次性支付，计入当期的综合费用。

操作要点如下：

（1）营销总监，包括：

① 新市场开拓。从财务总监处申请开拓市场所需要的现金，放置在沙盘所开拓市场对应的位置。当市场开拓完成，年末持开拓市场的费用到交易处领取“市场准入”的标识，放置在对应市场的位置上。

② ISO资格认证投资。从财务总监处申请ISO资格认证所需要的现金，放置在ISO资格认证对应的位置。当认证完成，年末持认证投资的费用到交易处领取

"ISO 资格认证"标识，放置在沙盘对应的位置。

③ 记录。进行了市场开拓或 ISO 认证投资后，在运营任务清单对应的方格内打"√"，否则，打"×"。

（2）财务总监，包括：

① 支付费用。根据营销总监的申请，审核后，将市场开拓和 ISO 资格认证所需要的现金支付给营销总监。

② 记录。在任务清单对应的方格内记录现金的减少数。

（3）CEO：在监督营销总监和财务总监正确完成以上操作后，在运营任务清单对应的方格内打"√"。

10.3.6 编制报表

沙盘企业每年的经营结束后，应当编制相关会计报表，及时反映当年的财务和经营情况。模拟企业主要编制产品核算统计表、综合费用计算表、利润表和资产负债表。

10.3.6.1 产品核算统计表

产品核算统计表（见表 10-3）是核算企业在经营期间销售各种产品情况的报表，它可以反映企业在某一经营期间产品销售数量、销售收入、产品销售成本和毛利情况，是编制利润表的依据之一。

表 10-3　　产品核算统计表

项目	P1	P2	P3	P4	合计
数量					
销售额					
成本					
毛利					

产品核算统计表是企业根据企业实际销售情况编制的，其数据来源于订单登记表（见表 10-4）。企业在取得销售订单后，营销总监应及时登记订单情况，当产品实现销售后，应及时登记产品销售的销售额、销售成本，并计算该产品的毛利。年末，企业经营结束后，营销总监根据订单登记表，分产品汇总各种产品的销售数量、销售额、销售成本和毛利，并将汇总结果填列在产品核算统计表中。

之后，营销总监将产品核算统计表交给财务总监，财务总监根据产品核算统计表中汇总的数据，登记利润表中的"销售收入""直接成本"和"毛利"栏。

表 10-4　　订单登记表

订单号											合计
市场											
产品											

表10-4(续)

订单号											合计
数量											
账期											
销售额											
成本											
毛利											
未售											

10.3.6.2 综合费用明细表

综合费用明细表（见表10-5）是综合反映在经营期间发生的各种除产品生产成本、财务费用外的其他费用的报表。它根据沙盘上的“综合费用”处的支出进行填写。

综合费用明细表的填制方法如下：

（1）“管理费”项目根据企业当年支付的行政管理费填列。企业每季度支付1M的行政管理费，全年共支付行政管理费4M。

（2）“广告费”项目根据企业当年年初的“广告登记表”中填列的广告费填列。

（3）“保养费”项目根据企业实际支付的生产线保养费填列。根据规则，只要生产线建设完工，不论是否生产，都应当支付保养费。

（4）“租金”项目根据企业支付的厂房租金填列。

（5）“转产费”项目根据企业生产线转产支付的转产费填列。

（6）“市场准入开拓”项目根据企业本年开发市场支付的开发费填列。为了明确开拓的市场，需要在“备注”栏本年开拓的市场前打“√”。

（7）“ISO资格认证”项目根据企业本年ISO认证开发支付的开发费填列。为了明确认证的种类，需要在“备注”栏本年认证的名称前打“√”。

（8）“产品研发”项目根据本年企业研发产品支付的研发费填列。为了明确产品研发的品种，应在“备注”栏产品的名称前打“√”。

（9）“其他”项目主要根据企业发生的其他支出填列，比如，出售生产线净值大于残值的部分等。

表10-5 **综合费用明细表** 单位：M

项目	金额	备注
管理费		
广告费		
保养费		
租金		

表10-5(续)

项目	金额	备注
转产费		
市场准入开拓		□区域 □国内 □亚洲 □国际
ISO 资格认证		□ISO9000 □ISO14000
产品研发		P2（ ） P3（ ） P4（ ）
其他		
合计		

10.3.6.3 利润表

利润表（见表10-6）是反映企业一定期间经营状况的会计报表。利润表把一定期间内的营业收入与其同一期间相关的成本费用相配比，从而计算出企业一定时期的利润。编制利润表，可以反映企业生产经营的收益情况、成本耗费情况，表明企业生产经营成果。同时，利润表提供的不同时期的比较数字，可以用以分析企业利润的发展趋势和获利能力。

利润表的编制方法如下：

（1）利润表中“上年数”栏反映各项目的上年的实际发生数，根据上年利润表的“本年数”填列。利润表中“本年数”栏反映各项目本年的实际发生数，根据本年实际发生额的合计填列。

（2）“销售收入”项目，反映企业销售产品取得的收入总额。本项目应根据“产品核算统计表”填列。

（3）“直接成本”项目，反映企业本年已经销售产品的实际成本。本项目应根据“产品核算统计表”填列。

（4）“毛利”项目，反映企业销售产品实现的毛利。本项目是根据销售收入减去直接成本后的余额填列。

（5）“综合费用”项目，反映企业本年发生的综合费用，根据“综合费用明细表”的合计数填列。

（6）“折旧前利润”项目，反映企业在计提折旧前的利润，根据毛利减去综合费用后的余额填列。

（7）“折旧”项目，反映企业当年计提的折旧额，根据当期计提的折旧额填列。

（8）“支付利息前利润”项目，反映企业支付利息前实现的利润，根据折旧前利润减去折旧后的余额填列。

（9）“财务收入/支出”项目，反映企业本年发生的财务收入或者财务支出，比如借款利息、贴息等。本项目根据沙盘上的“利息”填列。

（10）“其他收入/支出”项目，反映企业其他业务形成的收入或者支出，比如出租厂房取得的收入等。

（11）“税前利润”项目，反映企业本年实现的利润总额。本项目根据支付利息前的利润加财务收入减去财务支出，再加上其他收入减去其他支出后的余额填列。

（12）“所得税”项目，反映企业本年应缴纳的所得税费用，本项目根据税前利润除以 3 取整后的数额填列。

（13）“净利润”项目，反映企业本年实现的净利润，本项目根据税前利润减去所得税后的余额填列。

表 10-6　　利润表　　单位：M

项目	上年数	本年数
销售收入		
直接成本		
毛利		
综合费用		
折旧前利润		
折旧		
支付利息前利润		
财务收入/支出		
其他收入/支出		
税前利润		
所得税		
净利润		

10.3.6.4　资产负债表

资产负债表（见表 10-7）是反映企业某一特定时期财务状况的会计报表。它是根据“资产=负债+所有者权益”的会计等式编制的。

从资产负债表的结构可以看出，资产负债表由期初数和期末数两个栏目组成。资产负债表的“期初数”栏各项目数字应根据上年末资产负债表“期末数”栏内所列数字填列。

资产负债表的“期末数”栏各项目主要是根据有关项目期末余额资料编制，其数据的来源主要通过以下几种方式取得：

（1）“资产”类项目主要根据沙盘盘面的资产状况通过盘点后的实际金额填列。

（2）“负债”类项目中的“长期负债”和“短期负债”根据沙盘上的长期借款和短期借款数额填列，如果有将于一年内到期的长期负债，应单独反映。

（3）“应交税费”项目根据企业本年利润表中的“所得税”项目的金额填列。

（4）“所有者权益”类中的股东权益项目，如果本年股东没有增资的情况下，直接根据上年末利润表中的“股东资本”项目填列；如果发生了增资，则为上年末的股东资本加上本年增资的资本。

（5）“利润留存”项目根据上年利润表中的“利润留存”和“年度净利”两个项目的合计数填列。

（6）“年度净利”项目根据利润表中的“净利润”项目填列。

表 10-7　　资产负债表　　单位：M

资产	期初数	期末数	负债和所有者权益	期初数	期末数
流动资产：			*负债：*		
现金			长期负债		
应收款			短期负债		
在制品			应付账款		
成品			应交税费		
原料			一年内到期的长期负债		
流动资产合计			负债合计		
固定资产：			*所有者权益：*		
土地和建筑			股东资本		
机器与设备			利润留存		
在建工程			年度净利		
固定资产合计			所有者权益合计		
资产总计			*负债和所有者权益总计*		

10.3.7　结账

一年经营结束，年终要进行一次“盘点”，编制“综合管理费用明细表”“资产负债表”和“利润表”。一经结账后，本年度的经营也就结束了，本年度所有的经营数据不能随意更改。结账后，在运营任务清单对应的方格内打“√”。

10.3.8　反思与总结

经营结束后，CEO应召集团队成员对当年的经营情况进行分析，分析决策的成功与失误，分析经营的得与失，分析实际与计划的偏差及其原因等。团队成员用心总结，用笔记录。沙盘模拟是训练思维的过程，同时也应该成为锻炼动手能力的过程。

第四篇　总结篇

11 模拟企业经营成果分析

本章以某高校学生参加 ERP 沙盘模拟实训的数据为基础，从 8 个模拟公司中选择了综合评估得分最高的小组 A 公司为例，运用前述章节所介绍的方法对其经营成果进行分析。

11.1 生产能力分析

11.1.1 生产线投资分析

随着企业和市场的发展，A 公司对接手的产能落后、生产效率低的生产线陆续进行了更新换代。A 公司较好把握了生产线投资的节奏。在第一年的第 4Q 卖掉了一条低效率的手工生产线，为新建生产线留出了空间。然后在第一年利用长期和短期的两笔贷款筹集到 150M 的资金，为第一年第 2Q 投资建设的两条全自动生产线、第一年第 4Q 投资建设的一条全自动生产线提供了充足的资金支持。A 公司第一年的生产线投资活动与融资活动紧密配合，投资规模适度，既为未来的盈利奠定了良好的基础，又没有影响后续的投资能力。在第四年第 1Q 又投资建设了两条全自动生产线。截止到六年模拟经营结束时，A 公司共拥有两条手工生产线、一条半自动生产线和五条全自动生产线。总体来看，A 公司对生产线的更新顺序合理。生产线的投资组合，以生产效率最高、投资金额相对较低的全自动生产线为主，同时又保留了低成本并能随时转产的手工生产线。在提高企业产能和现代化程度的同时，较好地兼顾了灵活性、低成本和生产效率。

从生产线的建设时间来看，A 公司的决策既有成功之处，也存在失误。第一年第 2Q 投资的两条全自动生产线在第二年第 1Q 投产，马上用于生产刚研发出来的 P2 产品，这两条全自动生产线的建设时间与产品的研发刚好同步。研发的 P3 产品在第二年第 2Q 就已经获得了生产资格。但由于第一年第 4Q 投资的一条全自动生产线只能在第二年第 3Q 投入使用，这条全自动生产线的建成时间比 P3 产品的投产时间滞后了 1Q，导致研发成功的 P3 产品只能在第二年第 3Q 投产，P3 的研发资格白白闲置了 1Q。

根据表 11-1 中的在制品数据可以看出，在六年的模拟经营中，A 公司所有生产线从未出现闲置的情况。每个产品下线之后，马上就能投入原材料和加工费，上线生产新产品。一方面说明它合理地安排了原材料的下单时间和数量，使得所采购的原材料满足了生产的需求，生产计划和采购计划紧密配合；另一方面也说明它投资建设的生产线均实现了产能最大化。

从表 11-1 还可以看出，A 公司每年年末的成品和原材料库存都不高，尤其是第五年和第六年年末成品和原料的库存均为 0。从表 11-2 可以看出，A 公司各年的存货周转率都高于 8 个模拟公司的存货平均周转率。这说明 A 公司的存货周转速度快，供产销各个环节衔接顺畅，产能与市场需求相匹配，生产出的各种产品均能顺利地实现销售。成品和原料库存较合理，没有占用企业过多的流动资金，存货的使用效率较高。

表 11-1　　A 公司第一年至第六年各年年末存货　　单位：M

项目	年份					
	第一年	第二年	第三年	第四年	第五年	第六年
成品	0	3	3	5	0	0
原料	2	1	1	0	0	0
在制品	6	6	9	28	28	28

表 11-2　　A 公司的存货周转率及相关平均周转率

指标	年份				
	第二年	第三年	第四年	第五年	第六年
A 公司的存货周转率	4.78	4.17	1.83	3.18	3.29
所有公司的平均存货周转率	1.69	1.65	1.53	1.85	2.57

11.1.2　厂房投资分析

A 公司在第一年年初拥有一个能容纳六条生产线的大厂房，有三条手工生产线和一条半自动生产线。在第一年第 4Q 卖掉了一条手工生产线后，原有的大厂房还能容纳三条生产线。为了提高产能，A 公司第一年第 2Q 投资建设了两条全自动生产线，第一年第 4Q 投资建设了一条全自动生产线。第一年模拟经营结束时，大厂房的空置率为 0，厂房资源得到充分利用。

为了配合第四年新投资建设的两条全自动生产线，继续扩大产能，A 公司在第四年新增加了一个小厂房。从投资时间来看，小厂房的获取时间与生产线的建成时间紧密衔接，投资节奏控制得好。从投资类型来看，由于新增的生产线只有两条，所以投资建设能容纳四条生产线的小厂房就完全能满足新增生产线的需要。第六年经营结束时，A 公司共有八条生产线，大小两个厂房的空置率只有 20%，空置率较低，厂房资源利用较为充分。从获取方式来看，新增的小厂房采用的是租赁方式而非购买。一方面，考虑到第五年第 1Q 的常规现金支出较大（收到现金之前的支出为 41M），在第四年年末现金不是特别充裕的情况下（在未支付租金前只有 43M），采用租赁的方式能留足现金以支持第五年年初的开支。另一方面，考虑投资收益率，采用租赁的方式能获得比购买更高的投资收益率。

在租赁的三年中，一共支付了15M的租金。从第五年开始，小厂房新建的生产线开始有产出。第五年和第六年共产出8个P3和8个P4，并且在第六年经营结束时，成品没有库存，全部卖出。根据第六章的公式6.4，按第五年和第六年拿到的订单计算，P3和P4的单位产品平均毛利约为5.69M。小厂房租赁的投资收益率达到607%，高于购买小厂房的投资收益率303%。A公司第五年和第六年的销售情况见表11-3。

表11-3　　第五年和第六年A公司的销售情况

第五年的销售情况						第六年的销售情况					
P3			P4			P3			P4		
收入	数量	成本	收入	数量	成本	收入	数量	成本	收入	数量	成本
73M	8个	32M	75M	7个	35M	82M	8个	32M	64M	6个	30M

注：A公司出售的P3和P4，除了自己生产的之外，还有部分是通过组间交易购入，其购买价格高于自制成本，所以销售成本高于自制成本。

$$\text{P3的单位平均毛利}=\frac{73+82}{8+8}-4\approx5.69\ (\text{M})$$

$$\text{P4的单位平均毛利}=\frac{75+64}{7+6}-5\approx5.69\ (\text{M})$$

$$\text{租赁小厂房的投资收益率}=\frac{5.69\times8+5.69\times8}{15}\times100\%\approx607\%$$

$$\text{购买小厂房的投资收益率}=\frac{5.69\times8+5.69\times8}{30}\times100\%\approx303\%$$

总体来看，A公司的厂房投资决策合理，符合企业的发展战略和当时的财务状况，获得了很高的投资收益率。

11.1.3　无形资产投资分析

考虑到从第二年开始本地市场P1产品市场需求量及单价逐年下降，如果不及早研发新产品、开拓新市场，则很难支撑以后每年的利息、管理费和维护费等固定费用，影响企业的长远利益。于是A公司的管理层采取了密集式的成长战略。在第一年利用长期和短期的两笔贷款筹集到150M的资金，A公司第一年就开始对ISO9000、ISO14000、区域市场、国内市场、亚洲市场、国际市场、P2产品和P3产品进行投资。上述无形资产方面的投资，使A公司成为8个公司中第一批进驻亚洲和国际市场的企业，而且在第五年和第六年成为亚洲和国际市场的“双老大”，享受到了市场老大的特权。

A公司第一年年末获得了进入区域市场的资格，在资金和产能充足的情况下，却在第二年和第三年连续两年未对区域市场投放广告争取订单（具体分析见后文11.2.2广告投入产出比分析），第五年和第六年由于主打亚洲市场和国际市场，也未对区域市场进行广告投放，只在第四年对区域市场投放广告拿到一张订单。这导致A公司第一年开发的区域市场没有及时、充分地发挥作用。这是它进行市场开发投资的不足之处。

11.2 营销能力分析

11.2.1 市场占有率分析

11.2.1.1 年度市场占有率分析

从表 11-4 可以看出，A 公司在第二年、第五年和第六年的市场占有率都是 8 个公司中最高的。在第三年，A 公司的市场占有率也位列第二名。从表 11-5 可以看出，A 公司陆续成为第二年本地市场老大，第三年国内市场老大，第四、五、六年亚洲市场老大和第五、六年国际市场老大。这几个市场老大地位使其在后面一年只需花费很少的广告费就拿到了优质的订单，一定程度上节约了企业的成本费用。但是 A 公司市场老大的地位在六年模拟经营中变换了多次，最后才稳定下来。这也使 A 公司前期为获得市场老大地位所付出的代价没有充分发挥效用。

表 11-4　　A 公司第一年至第六年市场占有率

项目	年份					
	第一年	第二年	第三年	第四年	第五年	第六年
A 公司	10%	20%	14%	10%	18%	16%
排名	4	1	2	7	1	1

表 11-5　　第一年至第六年市场地位

年份	市场区域				
	本地	区域	国内	亚洲	国际
第一年	E				
第二年	A	H			
第三年	G	H	A		
第四年	C	H	E	A	
第五年	C	G	E	A	A
第六年	G	G	E	A	A

11.2.1.2 市场累计占有率分析

由于第一年 A 公司就对所有市场进行投资，所以在 8 个公司中，A 公司是第一批进驻亚洲和国际市场的企业，抢占了市场先机。从表 11-6 可以看出，A 公司经过六年的模拟经营，在亚洲和国际市场的累计占有率排名第一，尤其在国际市场的占有率超过了一半。表 11-5 的数据显示，A 公司在第四年、第五年和第六年连续三年成为亚洲市场的老大，在第五年和第六年连续两年均是国际市场的老大。综上所述，A 公司在亚洲市场和国际市场的开发和营销工作做得比较好，取得了绝对优势。

表 11-6　　A 公司各市场的累计占有率

项目	市场				
	本地市场	区域市场	国内市场	亚洲市场	国际市场
A 公司	12%	1%	9%	37%	71%
排名	3	8	5	1	1

11.2.1.3　产品市场占有率分析

从表 11-7 可以看出，第二年和第三年 A 公司的 P2 产品所占份额最大。根据市场预测资料，第五年 P1 产品在各个细分市场的需求量总和较大，所以 A 公司在第五年主打 P1 产品，成功地抢占了当年 P1 产品的第一市场份额，并且在第五年获得了 P4 产品超过一半的市场份额，取得了在 P4 产品销售上的绝对领先优势。在第六年 P4 产品的市场占有率虽然有所下降，排名降为第二，但 P4 产品仍然是 A 公司 P 系列产品中市场份额最高的主打产品。这说明 A 公司的产出较好地紧跟市场的变化趋势，在满足市场对低端产品需求的同时，又兼顾了市场对高端产品的需求。

表 11-7　　A 公司第一年至第六年各产品的市场占有率

	第一年	第二年		第三年			第四年			第五年				第六年			
	P1	P1	P2	P1	P2	P3	P1	P2	P3	P1	P2	P3	P4	P1	P2	P3	P4
A 公司	10%	12%	23%	9%	15%	22%	7%	12%	6%	21%	12%	13%	63%	16%	15%	12%	33%
排名	4	6	1	5	1	2	3	4	7	1	5	4	1	4	3	6	2

11.2.2　广告投入产出比分析

11.2.2.1　A 公司的广告投入产出比

A 公司六年中累计销售的产品数量为 102 个，在 8 个公司中排名第二。从名次来看，这个销量还不错。但 A 公司 6 年的平均广告投入产出比为 10.06，在 8 个公司中排名第五。而且从表 11-8 可以看出，与其他公司相比，除了第六年，A 公司各年的广告投入产出比较低，均处于中等或中下水平。

表 11-8　　A 公司第一年至第六年广告投入产出比

项目	年份						
	第一年	第二年	第三年	第四年	第五年	第六年	平均数
A 公司	4.57	6.92	9.58	9	15.27	15	10.06
排名	4	6	5	7	4	3	5

11.2.2.2　原因分析

A 公司第二年的广告投入产出比很低，原因主要有两个方面。一方面，A 公司第二年本地市场老大的地位，是以高额的广告费为代价的。它在本地市场投放了 13M 的广告费，远远高于其他公司的广告费投入。另一方面，A 公司第二年未在区域市场投放广告接单。而另外 6 个公司每年均在区域市场投放了较少的广告费，就获得了相应的订单，投入产出比较高，从而拉开了与 A 公司的差距。其实 A 公司第一年年末的现金余额为 117M（见表 11-9），同时第二年接的订单不够，导致第二年年末产品没有全部售出，有 1 个价值 3M 的 P2 的库存（见表 11-1）。所以，就资金和产能而言，A 公司第二年完全有能力进入区域市场拿订单，但它却放弃了区域市场，丧失了只需投入较低广告费就能获得的区域市场收入，也因此形成产品积压，占用了企业的资金。

表 11-9　　A 公司第一年至第六年年末的现金余额　　单位：M

现金余额	年份					
	第一年	第二年	第三年	第四年	第五年	第六年
A 公司年末现金余额	117	24	58	43	27	92
所有公司的平均年末现金余额	61.875	27.625	57.25	41.75	36.125	62

A 公司第四年的广告投入产出比也很低，原因也主要有两个方面。一方面，第四年年底的现金余额为 43M（见表 11-9），库存有价值 5M 的成品（见表 11-1），分别是 1 个 P1、1 个 P2。根据市场预测，当年本地市场 P1 需求较高，只有 3 个公司在本地市场为 P1 投放了广告，竞争不激烈。A 公司可供销售的 P1 有 4 个，但它却放弃了本地市场，导致年末库存 1 个 P1。另外，当年 A 公司可供销售的 P2 有 5 个，它在国内和亚洲市场分别投放了 1M 和 3M 的广告费。凭借上一年取得的国内市场老大的地位，A 公司在国内市场优先选单。但是，由于高估了亚洲市场对 P2 的需求和其他公司的广告投入，A 公司在投放了 3M 广告费和另外只有一家公司与其竞争的情况下，只获得了一次抢单机会，导致年末仍有 1 个 P2 没有售出。虽然其他公司没有在亚洲市场为 P4 投放广告，没有任何竞争，但 A 公司只投放了 1M 的广告费，只拿到 1 张订单，只销售出 1 个 P4，导致年末库存 2 个 P4。

总体来看，A 公司没有准确分析市场需求和竞争对手的广告策略，自身的广告投放策略不合理，从而导致其广告投入较高但竞单效率较低，没有实现广告成本效益的最大化。

11.3　成本费用分析

11.3.1　经常性费用占比分析

经常性费用包括直接成本、广告、经营费、管理费、折旧和利息，这些费用项目是经营过程中每个时期必不可少的费用支出项目。从图 11-1 至图 11-6 可知，A 公司各年的经常性费用中，直接成本、广告费和利息所占比例较大。由于模拟企业都是制造企业，资金主要用于生产方面，因此直接成本在成本费用构成中比例最高，这属于正常现象。但是根据前述广告投入产出比分析可以看出，A

公司的广告投入产出比较低，说明其广告投入效果不理想，广告决策失误。与其他公司相比，A 公司在第二年、第三年和第四年的利息支出比例都较高，主要是源于 A 公司第一年申请了一笔五年期的长期贷款 130M，第一年第 3Q 还申请了一笔短期贷款 20M。虽然这两笔贷款为 A 公司以后开展大规模的投资和经营活动提供了充足的资金资源，但未能充分使用。从表 11-9 可以看出，第一年年末的现金高达 117M，造成了大量现金的闲置，也给 A 公司后面几年带来了沉重的利息负担。应该说，第一年 A 公司的筹资决策不够合理。另外，在六年的经营中，第四年经常性费用占销售的比例偏高，在 8 个公司中排名第三。除了上述原因之外，还在于 A 公司当年对本地市场和亚洲市场的预测和广告投放决策失误，造成了第四年产品积压，全年的销售额与其他公司相比偏低（具体分析见 11.2.2 广告投入产出比分析中的原因分析）。

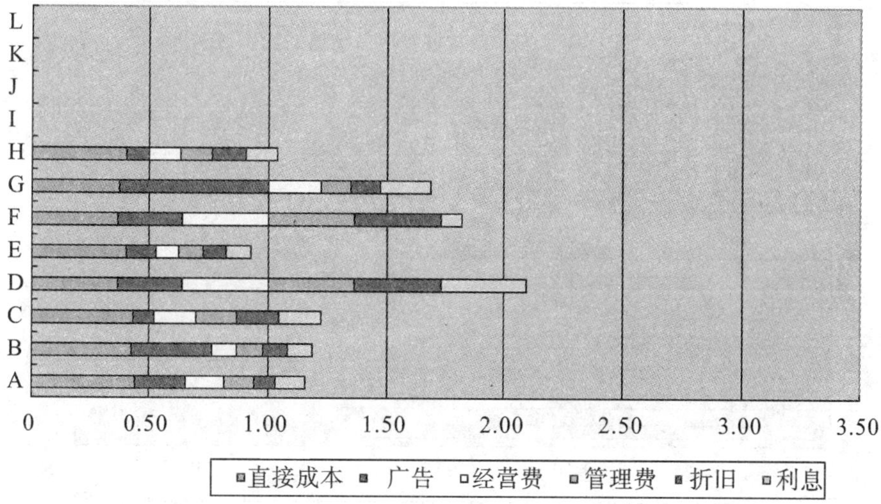

图 11-1　第一年经常性费用占销售的比例

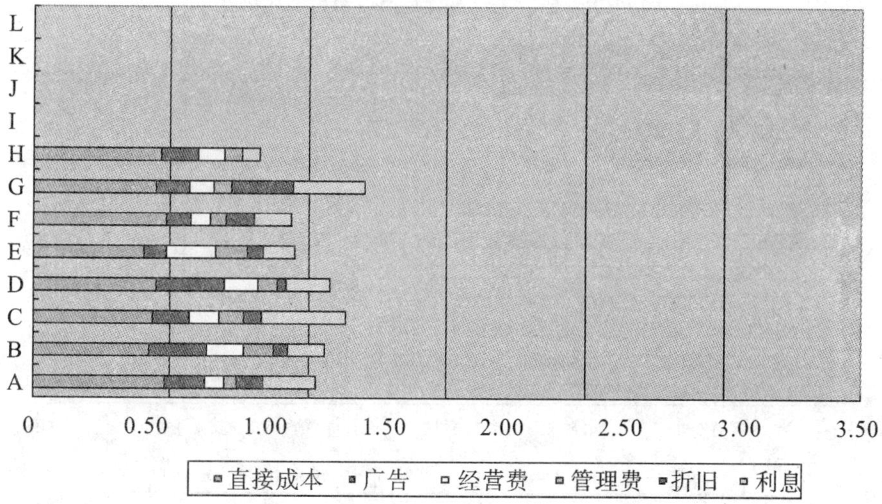

图 11-2　第二年经常性费用占销售的比例

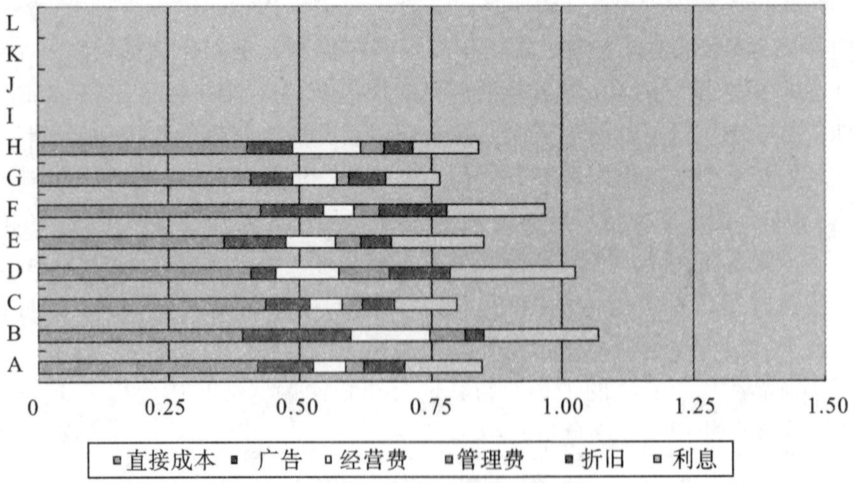

图 11-3　第三年经常性费用占销售的比例

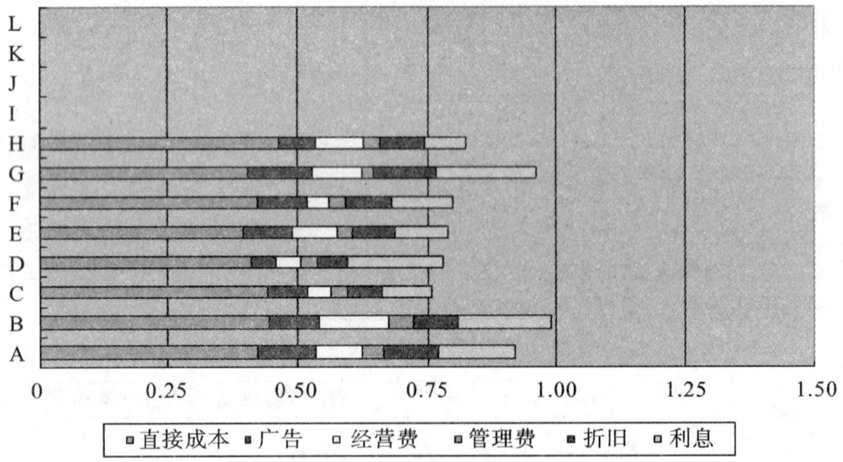

图 11-4　第四年经常性费用占销售的比例

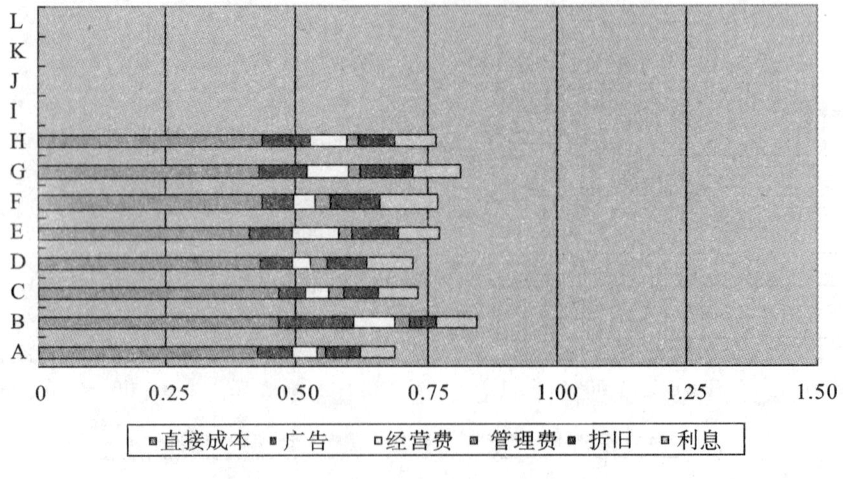

图 11-5　第五年经常性费用占销售的比例

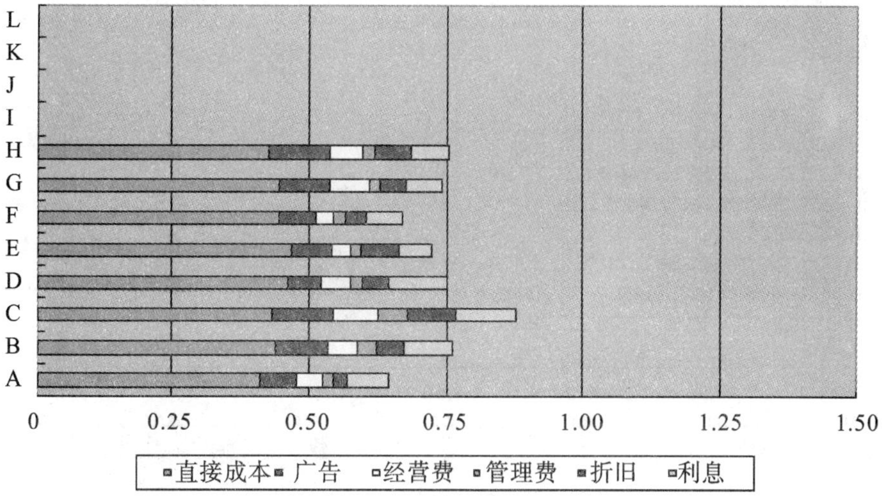

图 11-6　第六年经常性费用占销售的比例

11.3.2　综合费用占比

综合费用除包括上述经常性费用，还包括产品开发和软资产投入（市场开发、ISO 认证）等阶段性的成本支出项目。从图 11-7 至图 11-12 可知，与其他公司相比，A 公司第四年的综合费用比例偏高，在 8 个公司中排名第三。这主要是由于第四年的销售额偏低，同时广告费、折旧费和利息支出较高。

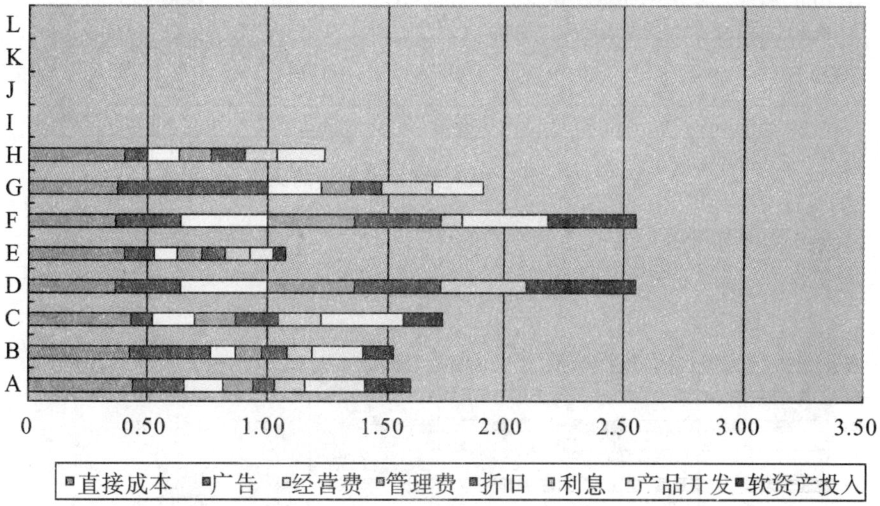

图 11-7　第一年综合费用占销售的比例

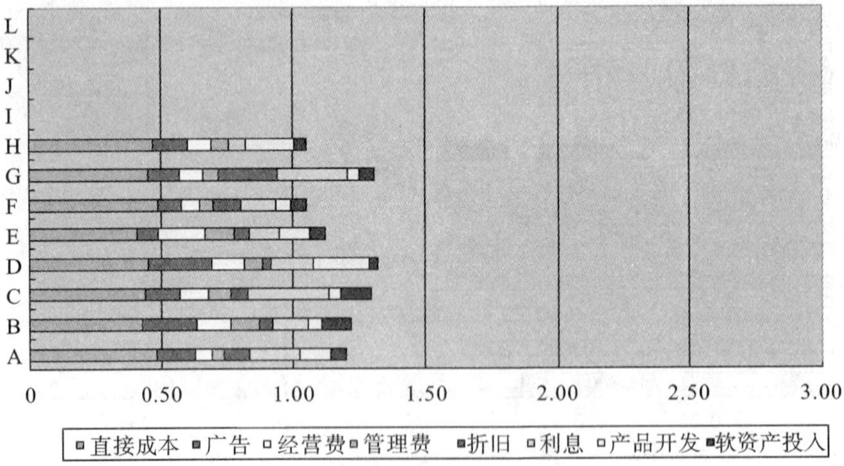

图 11-8 第二年综合费用占销售的比例

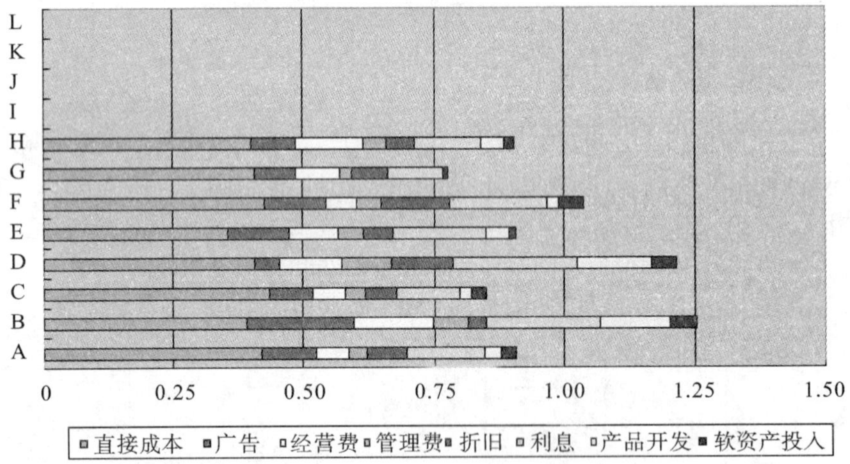

图 11-9 第三年综合费用占销售的比例

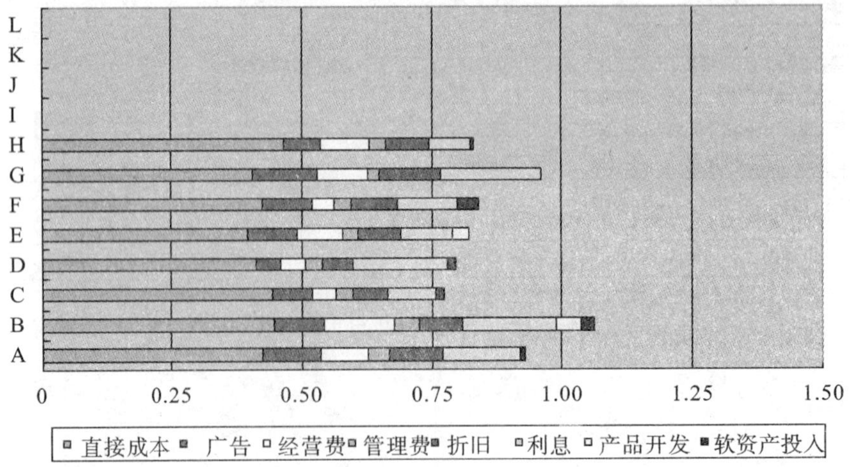

图 11-10 第四年综合费用占销售的比例

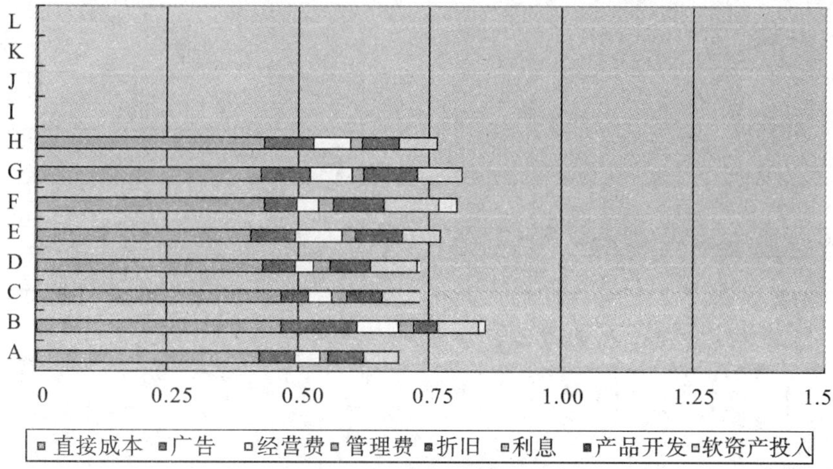

图 11-11　第五年综合费用占销售的比例

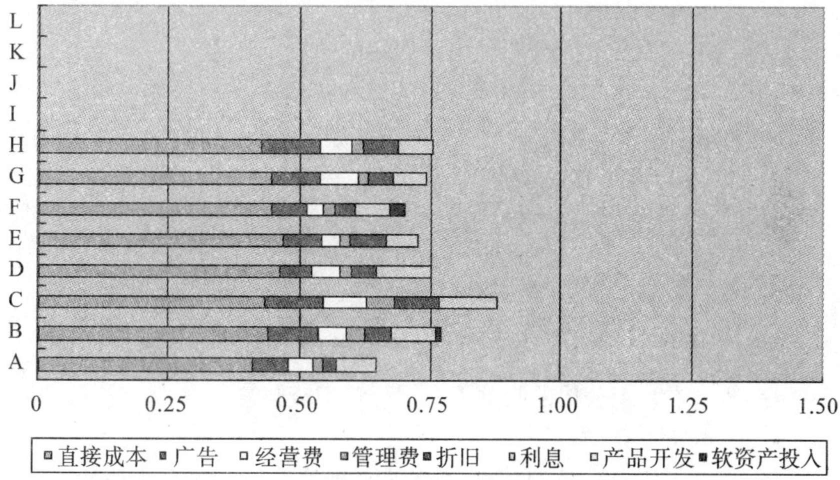

图 11-12　第六年综合费用占销售的比例

11.3.3　成本变化构成分析

从图 11-13 可以看到，A 公司第一年、第二年和第三年的各项费用比率指标均有很大的变化，这说明企业经营遇到了问题，经营的环境正在发生变化。这个信号提醒管理者需格外注意各种变化情况，及时调整经营战略和策略。在以后的年份中，各种费用的比例比较平稳，没有突变的情况，说明企业运营比较正常。

由图 11-14 可知，A 公司成本比重构成中，直接成本的比重变化最大，其次是利息费用，其他成本项目比重的变化较为平缓。直接成本比重的变化反映了 A 公司各年销售的产品品种的变化。A 公司在前三年销售以 P1 和 P2 为主，后三年销售以 P3 和 P4 为主。P3 和 P4 的制造成本高于 P1 和 P2，而且，第五年和第六年所销售的 P3 和 P4 还有部分是外购的，外购成本高于自制成本，导致 A 公司的直接成本从第四年开始明显上升。利息费用比重的变化则反映了公司贷款比重的变化。

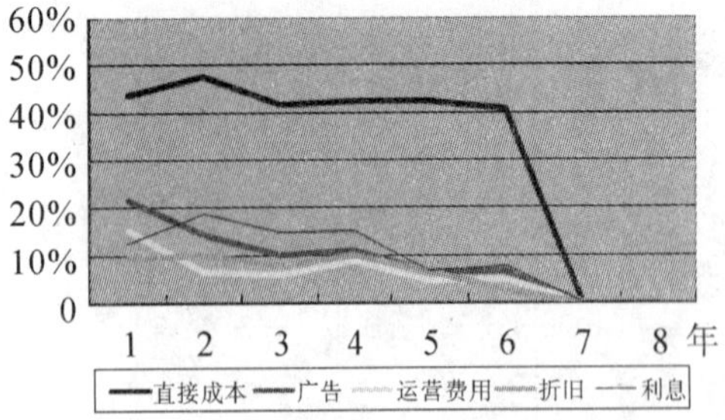

图 11-13　A 公司成本占销售比例的变化

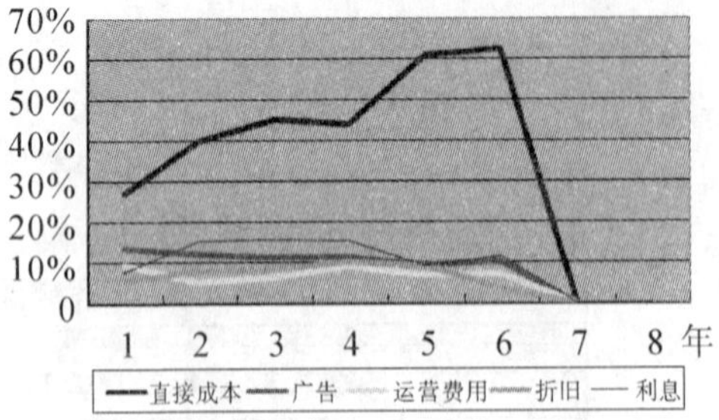

图 11-14　A 公司成本比重变化

11.4　财务分析

11.4.1　单项财务能力分析

11.4.1.1　收益力分析

从表 11-10 可以看出，A 公司除了第四年的总资产收益率和净资产收益率指标低于平均值，第二年至第六年的 4 个收益力指标均高于平均值。主要原因在于本书 11.3.2 中提到的第四年销售额偏低，广告费、折旧费和利息支出却偏高，导致息税前利润大幅度减少。从 A 公司收益力指标连续五年的变化来看，毛利率和利润率都在逐年上升。总资产收益率和净资产收益率则是先升后降再升，在第五年达到最大值，远高于平均值，但在第六年又有所降低，波动较大。这是由于第六年作为模拟经营的最后一年，A 公司为了在综合评估中获得优异的成绩，致力于资产和所有者权益的扩张，资产和所有者权益的增长速度超过了当年利润的增长速度。但总体来看，A 公司的收益力在同行业中较强。

11.4.1.2　成长力分析

A 公司的收入增长率在第四年和第六年出现负增长，其余年份均为正增长。其中，第四年的收入增长率较上一年有较大幅度下滑。主要原因在于当年的广告投放决策失误，A 公司放弃了本地市场，而在没有任何竞争的亚洲市场 P4 产品中投放了 1M 的广告费，只售出 1 个 P4，导致了当年的销售收入有所下降。

A 公司的利润增长率除了第四年出现负增长之外，其余年份均为正增长。尤其在第三年和第五年实现高速增长，远远超过同期的平均值。这说明 A 公司总体的成长性好，发展能力和盈利能力强。

A 公司的净资产增长率连续五年保持增长的态势，除了第二年和第四年低于平均值，其余年份均高于平均值。这说明 A 公司的资本积累能力强，企业的发展潜力大。

11.4.1.3　安定力分析

A 公司的流动比率和速动比率除了第五年低于平均值，其余年份均高于平均值。原因在于，A 公司第一年借入的 5 年期长期借款 130M 在第五年转为 1 年期长贷，导致当年的短期负债大大增加，流动比率和速动比率随之下降，并低于平均值。但A公司的现金充足（表11-9），且应收账款周转率和存货周转率较高（见后文对活动力的分析），流动资产的变现能力较强，因此，总体来看，A公司的短期偿债能力没有问题。

由于A公司第一年就借入了一笔五年期的长期借款，而且从第四年开始，就采取滚动申请短期贷款的方式来筹措资金，所以它的资产负债率除了第三年与平均值持平，其余年份均高于平均值。但这并不影响它的长期偿债能力，因为从前面的分析已经看到，它的盈利能力较强，能为债务的偿还提供较强的支持。

A公司的固定资产长期适配率均小于1，除了第四年和第五年高于平均值，其余年份均低于平均值，说明购建固定资产使用的都是长期贷款和所有者权益这些长期资金。这样的资源配置平衡协调，不会给A公司造成还款压力。

11.4.1.4 *活动力分析*

A公司第四年的固定资产周转率和总资产周转率均低于平均值，主要原因在于第四年的广告投放决策失误，销售收入较上一年有所下降。但是A公司其余年份的活动力指标均高于平均值。这说明它的存货销售较顺畅，回款较快；总资产的利用率高，管理能力强。而且较高的应收账款周转率和存货周转率，进一步增强了A公司的短期偿债能力。

表11-10 A公司第二年至第六年单项财务能力指标

财务指标		第二年		第三年		第四年		第五年		第六年	
		A公司	平均值	A公司	平均值	A公司	平均值	A公司	平均值	A公司	平均值
收益力指标	毛利率	52.22%	36.86%	58.26%	39.78%	57.58%	38.22%	57.64%	37.69%	59.11%	37.34%
	利润率	-1.11%	-1.39%	22.61%	12.22%	22.92%	17.44%	37.99%	20.96%	42.22%	22.36%
	总资产收益率	-8%	-9.54%	14.74%	6.74%	3%	10.73%	18%	14.47%	16%	15.00%
	净资产收益率	-55%	-59.9%	29%	28.17%	14%	38.98%	60%	40.73%	38%	32.26%
成长力指标	收入增长率	181.25%	121.54%	27.78%	47.05%	-13.91%	32.19%	131.31%	24.67%	-1.75%	4.13%
	利润增长率	15%	20.60%	164.71%	111.21%	-36.36%	-70.66%	628.58%	88.26%	5.9%	18.81%
	净资产增长率	-36.96%	-16.47%	37.93%	31.09%	17.50%	22.99%	108.51%	38.99%	55.10%	28.65%
安定力指标	流动比率	—	0.75	5.9	0.75	3.125	0.84	1.09	1.13	1.39	1.25
	速动比率	—	2.06	5.25	2.35	2.30	1.71	0.97	2.16	1.26	1.22
	资产负债率	0.85	0.74	0.79	0.79	0.78	0.74	0.70	0.64	0.58	0.54
	固定资产长期适配率	0.40	0.54	0.42	0.62	0.52	0.51	0.79	0.48	0.47	0.65
活动力指标	应收账款周转率	1.55	1.06	1.76	0.36	2.06	1.11	1.86	1.65	1.24	1.07
	存货周转率	4.78	1.69	4.17	1.65	1.83	1.53	3.18	1.85	3.29	2.57
	固定资产周转率	1.13	0.81	1.50	1.06	1.21	1.49	2.71	2.51	3.04	2.21
	总资产周转率	0.41	0.35	0.59	0.45	0.49	0.59	0.84	0.73	0.66	0.65

注：A公司第二年没有流动负债。

11.4.2 杜邦分析

杜邦分析法作为一种财务综合分析方法，可以解释指标变动的趋势及原因，进而帮助经营管理者找到改善经营管理、提高净资产收益率的措施和方法。

根据A公司第一年至第六年的杜邦分析图（见图11-15至图11-20）数据，我们整理出A公司第一年至第六年的主要财务指标，如表11-11所示。

表11-11　　A公司第一年至第六年的主要财务指标

年份	财务指标			
	净资产收益率	销售净利率	总资产周转率	权益乘数
第一年	-0.62	0.-63	0.19	5.13
第二年	-0.55	0.-19	0.41	6.86
第三年	0.29	0.10	0.59	4.75
第四年	0.14	0.7	0.49	4.62
第五年	0.62	0.22	0.84	3.36
第六年	0.38	0.24	0.66	2.36

从表11-11可以看出，在六年的模拟经营中，A公司的净资产收益率和总资产周转率两个指标虽有所波动，但总体呈上升趋势。净资产收益率的提高，说明A公司的所有者投入资金的盈利能力在增强。其中，第五年的净资产收益率最高，说明第五年所有者投入资金的盈利能力最强。原因在于当年的总资产周转率最高，销售净利率也是历年中较高的，在权益乘数放大的作用下，所有者获得了历年中最高的投资回报率。销售净利率的提高，表明A公司销售收入的增加幅度高于成本费用的增加幅度，说明A公司市场竞争力和盈利能力在增强，发展潜力大。其中，第六年的销售净利率最高，说明第六年实现的收入多，成本费用控制得好。总资产周转率的提高，表明A公司总资产的周转速度加快，利用总资产获取收入的效率在增加，对总资产的管理能力在增强。其中，第五年的总资产周转率最高，说明第五年的资产管理效果最好，资金使用效率最高。第六年的总资产周转率略有下降，说明当年的总资产周转速度有所减缓。原因在于第六年平均资产的增长速度超过了收入的增长速度。从图11-19和图11-20可以看出，第五年的平均资产为273M，第六年的平均资产为343.50M，较第五年增长了25.82%。平均资产在增长的同时，收入却在下降，从而导致总资产周转率下降。

A公司第二年的销售净利率为19%，说明当年仍处于经营亏损的状态，但亏损程度已比第一年有所降低，而且第二年的总资产周转率也比第一年有所提高。尽管这两个指标开始转好，净资产收益率却仍然比第一年低。原因在于第二年的权益乘数为6.86，比第一年的权益乘数5.13有所增加。在企业发生亏损的情况下，举债经营会导致财务杠杆发挥负面作用。债务比率越高，财务杠杆的负面作用就越大，表现为净资产收益率的下降幅度超过销售净利率的下降幅度，给所有者带来的亏损就越多。

通过上述分析可知，A 公司目前的盈利能力较强，资产的周转速度从长期来看，在不断提高，这是它的优势。但是第六年的净资产收益率比第五年略有下降，这是当年的总资产周转率和权益乘数双双下降所导致的。而总资产周转率下降的原因在于收入增长速度超过了总资产的扩张速度。所以，A 公司的经营管理者要提高未来的净资产收益率，需从两个方面入手：一方面，进一步开拓市场，打开产品销路，扩大销售收入，实现收入的快速增长；另一方面，在盈利能力较强的情况下，适度扩大举债规模，充分发挥财务杠杆的积极作用。

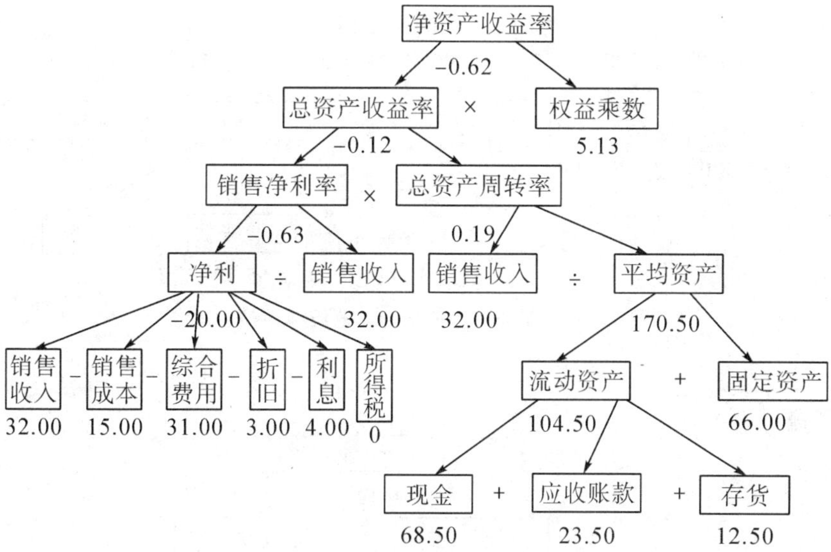

图 11-15　A 公司第一年杜邦分析（单位：M）

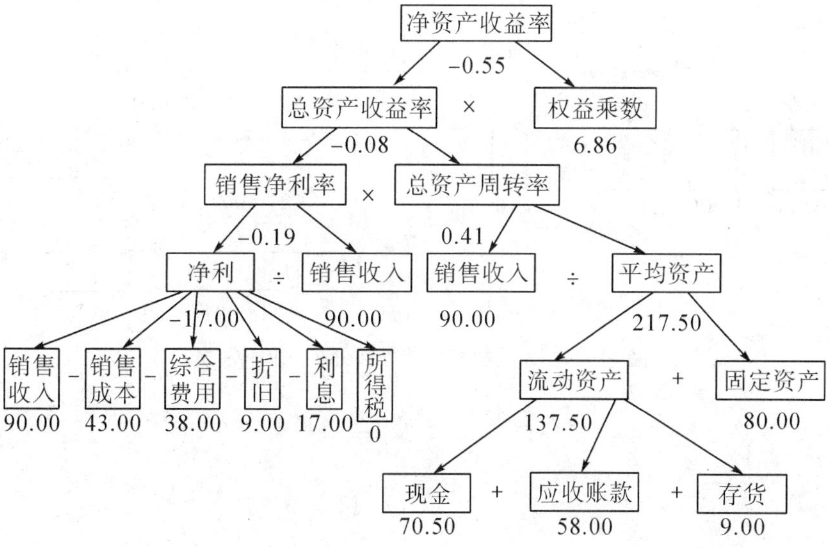

图 11-16　A 公司第二年杜邦分析（单位：M）

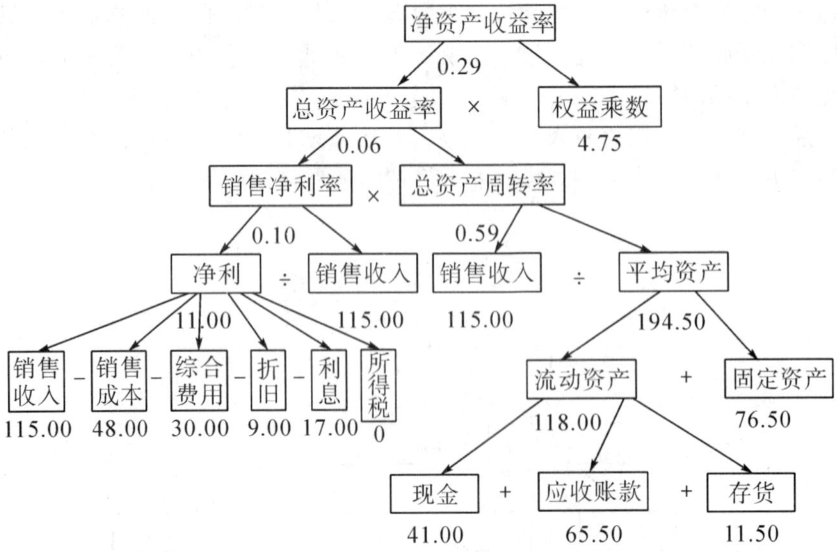

图 11-17　A 公司第三年杜邦分析（单位：M）

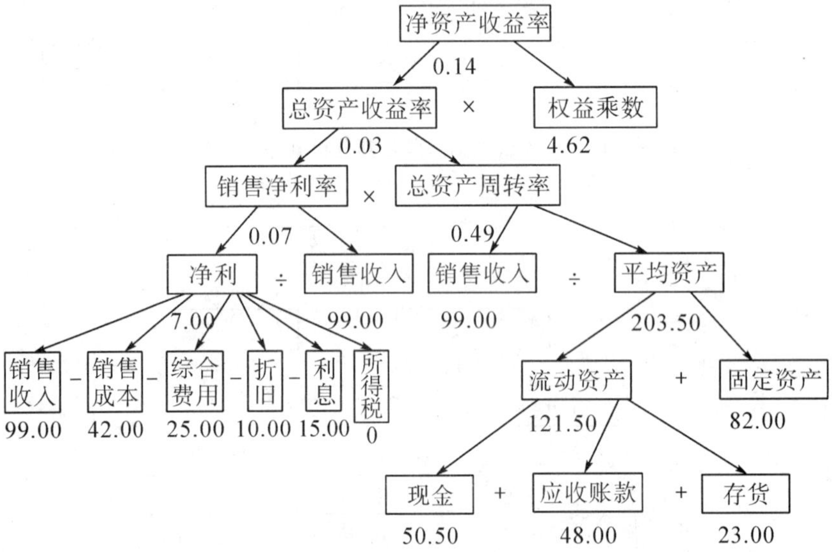

图 11-18　A 公司第四年杜邦分析（单位：M）

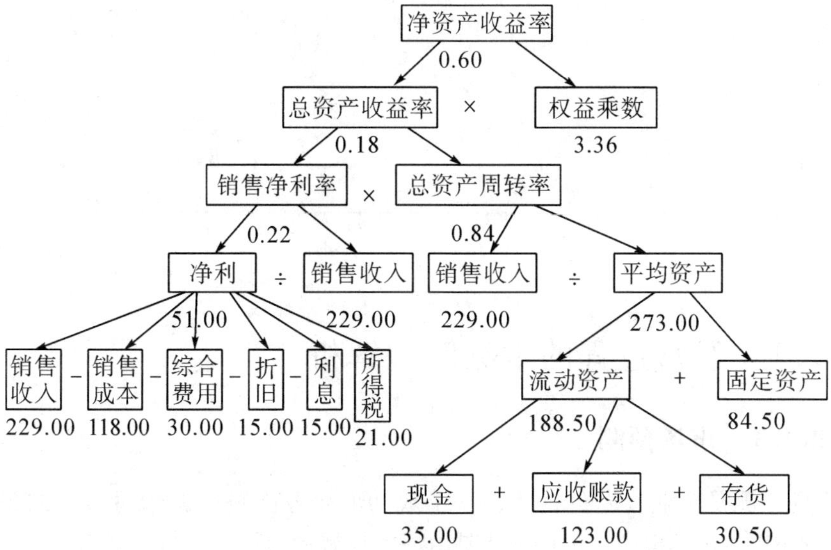

图 11-19　A 公司第五年杜邦分析（单位：M）

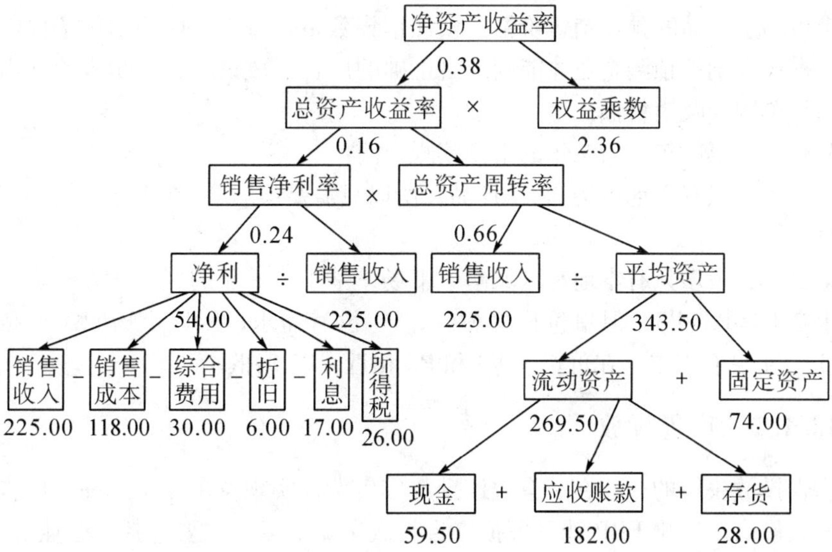

图 11-20　A 公司第六年杜邦分析（单位：M）

12 沙盘模拟实验常见问题解析

12.1 经营过程的常见问题解析

12.1.1 市场预测

市场预测是企业经营的前提，一个成功的企业战略来源于对市场的正确分析。在 ERP 沙盘模拟中，市场预测是由一家权威的市场调研机构对未来六年各个市场需求的预测，是各企业能够得到的关于产品市场需求的唯一可以参考的、有价值的信息。在市场预测中，柱状图和折线图分别提供了各市场中各产品在每一年的需求总量、价格情况，并且还用文字加以说明，包括客户关于技术及产品的质量要求等内容。各模拟企业的营销总监必须对该市场预测做充分的分析，推算出各个市场上产品的预计销售价格、预计销售数量、有无 ISO 等销售条件限制等情况。根据准确的预测企业才能制定出正确的广告投放策略，并初步预计出可能抢到的订单数量及销售额。

简单地以第一年和第二年的市场预测为例：

第一年，只有本地市场和 P1 产品，所以只需要预测 P1 在本地市场的需求量和价格。

第二年，最多只有本地和区域两个市场，基于第一年的产品研发，本地市场的需求是 P1>P2>P3，但单价恰好相反，P4 没有需求；区域市场的需求是 P2>P1>P3，P4 没有需求，在价格上 P3 和 P2 相近，P1 略低。

12.1.2 广告投放

广告投放决策的核心在于有效地投放广告费，实现竞单效率最高、广告的投入产出比最高。影响 ERP 沙盘模拟广告投放策略的因素主要包括：企业的现金、生产能力、上年度末产品的库存量、市场供求关系及竞争对手状况等。一方面，应测算企业本年度可供销售的产品数量，即企业本年度生产能力和上年度末产品库存之和。企业本年度生产能力可以结合本企业的原料供应和生产线的产能计算得到。另一方面，预测产品当年的市场供求关系。企业可结合市场预测表的情况了解当年的市场需求，通过对年初搜集到的竞争对手信息的分析，将竞争对手的产品库存和自己本年度生产能力加总，可获知本年度市场的总供给量。将本年度的市场需求量与供给量进行比较，就可以判断出本年度市场大致的供求关系状况。根据上述两个方面就可以确定广告投放细分市场的数目和广告投放金额。

为了保证有足够的资金投放下一年的广告费，在每一年年末，企业应特别注意年末的现金。如果现金紧张，则要立即贴现（或贷款），留足下年的广告费，再编制报表。

企业投放广告的多少只能表明选单的可能性，并不代表实际可以选到这么多订单。此处还应注意，同一市场同一产品有时会涉及多次选单。第一次选单机会至少投放 1M，随后的每次机会则是每 2M 才能增加一次选单机会；另外有些订单要求有 ISO 资格认证。要获得这样的订单，必须已完成 ISO 资格认证的投资，获得 ISO 资格认证证书，并且在当年相应市场单独为其投放 1M 的广告费。

12.1.3 订单选择

模拟企业选择的是“以销定产、以产定购”的经营模式，客户订单是企业生产的依据，因此客户订单的获得是企业经营成功的关键。订单选择时，首先应考虑企业按时交付订单的能力，避免盲目接单。按时交单的能力取决于企业的生产能力，即企业是否有充足的现金支付原材料的采购费和产品加工费，以及企业生产线的产能。订货量超过自身的生产能力，无法及时交货，会给企业带来损失，导致信誉下降。也要避免接单不足，设备闲置，产品积压。其次，如果企业急需现金，则优先考虑账期短的订单，单价因素次之；反之，单价高者优。此处涉及有 ISO 资格认证限制的单子，一般在第三年开始，此时，已取得 ISO 资格认证的企业就有可能拉开和竞争者的差距。

12.1.4 市场地位的确立

市场领导者（市场老大）地位的取得意味着企业在市场上的优势，是一项重要的无形资产。市场地位是针对每个市场而言的。企业的市场地位根据上一年度各企业的销售额排名而定，在某个市场销售总额（包括 P1、P2、P3 和 P4 产品）最高的企业称为该市场的“市场老大”。“市场老大”是按市场分，而不是按产品分。显然，第一年没有“市场老大”，刚出现的市场也没有“市场老大”。“市场老大”要想获得选单机会，至少要投入 1M 的广告费；想要获得 n 次的选单机会则应该在此基础上加 $2n$M 的广告费（当然，前提是市场上有这么多单可选）。

12.1.5 原材料采购

原材料采购需提前下达采购订单。每下一个订单用一个空桶表示，并且要随着经营进度的推进及时更新订单。只要下了订单，就必须出资采购。下单过少会影响当年产能，下单过多则会影响企业的现金流。所以，采购总监一定要依据生产总监编制的生产计划表，提前测算出每季度原材料的需求种类、数量，以便确定每个季度原材料的需求种类和数量，保证原材料采购可以准确跟进企业的运营。

12.1.6　生产线投资

实验过程中的生产线投资需要企业根据自身的企业发展现状，综合购买安装的费用和周期、生产周期、转产费用和转产周期等硬性条件来完成。一般来讲，生产力强的生产线种类意味着更高的购买费用，但为了企业的整体效率，购买高效率的生产线是更好的选择。此外，为了较好地规避生产线转产和生产线闲置，就需要生产部门的精确测算——让企业的产品研发和新产品线安装同时完成，并只为该品种的产品生产服务，以提高生产线的投入产出比。

12.1.7　市场开发和产品研发

在沙盘模拟实训中，首先需要掌握市场开发的基本规则——不同市场的开发费用和开发时间、多个市场的开发可以同时进行、资金短缺时可随时中断或终止投入、不允许加速投资等；其次，市场和产品是有机组合的一个设定，原则上讲，企业可以在开始运行的第一年第一季度开始研发 P2、P3、P4，而最早研发成功也要等到第二年，但对于企业来讲，同时研发多种产品不现实，因为多研发意味着综合费用的提高，企业利润随之受到影响，最终降低所有者权益甚至使之变负，极有可能导致企业破产。因此，合理规划选择产品组合在企业经营中是一项重要决策。

12.1.8　运营表记录

执行企业运营流程时，必须按照自上而下、自左而右的顺序严格执行。企业运营表的记录讲究的是“慢工出细活”。一步一步地落实和详细记录将更好地协助后续报表的填写，可谓是事半功倍。计提折旧时，只涉及生产线净值和折旧费用两个项目，与现金流无关，因此在企业营运流程中标注了“（）”以示区别，现金收入/支出合计时不应考虑该项目。第一季度的季初现金余额为上年度的第四季度的期末现金余额扣除已支付的广告费和上缴的税费后的数额。以后各季的季初现金盘点数额为上一季度末的现金余额。

期末现金余额=季初现金盘点+现金收入合计-现金支出合计

12.1.9　违约问题及其处理

违约问题表现为不能按时交货。发生该情况一般有两个原因：一是标注加急的订单需当年第一季度交货，但选单时未能准确计算上年年末以及本年第一季度的产能之和，导致当年第一季度交不了货；二是当年全年的产能计算失误，导致多选了订单。总体来讲，就是在产能计算时千万要慎之又慎。

出现违约问题之后，需要缴纳销售额 20%的违约金，并收回订单，当年的市场地位下降一级。如果“市场老大”违约，则该市场当年没有“市场老大”。

12.1.10　组间交易

如果企业的原材料或产品不足，可以向其他企业购买；如果企业有库存积压

参考文献

［1］陈冰. ERP沙盘实战：预算决策法［M］. 3版. 北京：经济科学出版社，2013.

［2］陈荣秋，周水银. 生产运作管理［M］. 北京：首都经济贸易大学出版社，2013.

［3］丁宁. 企业战略管理［M］. 3版. 北京：北京交通大学出版社，2013.

［4］董红杰. 企业经营ERP沙盘模拟教程［M］. 2版. 北京：北京大学出版社，2015.

［5］郭国庆. 市场营销学通论［M］. 6版. 北京：中国人民大学出版社，2014.

［6］阿姆斯特朗，科特勒. 市场营销学：第9版［M］. 吕一林，等译. 北京：中国人民大学出版社，2010.

［7］德斯勒. 人力资源管理：第12版［M］. 刘昕，译. 北京：中国人民大学出版社，2012.

［8］荆新，王化成，刘俊彦. 财务管理学［M］. 7版. 北京：中国人民大学出版社，2015.

［9］柯清芳. 生产运作管理［M］. 2版. 北京：北京理工大学出版社，2012.

［10］李湘露，李宗民. ERP沙盘模拟实战教程［M］. 北京：中国电力出版社，2009.

［11］刘洪玉，刘丽. 企业经营模拟原理及ERP沙盘实训教程［M］. 北京：清华大学出版社，2013.

［12］刘平. 企业战略管理：规划理论、流程、方法与实践［M］. 北京：清华大学出版社，2010

［13］弗里德森，阿尔瓦雷斯. 财务报表分析：第3版［M］. 朱丽，译. 北京：中国人民大学出版社，2010.

［14］马士华，崔南方，周水银，等. 生产运作管理［M］. 3版. 北京：科学出版社，2015.

［15］彭剑锋. 人力资源管理概论［M］. 2版. 上海：复旦大学出版社，2011.

［16］秦远建. 企业战略管理［M］. 北京：清华大学出版社，2013.

[17] 孙金凤. ERP 沙盘模拟演练教程 [M]. 2 版. 北京：清华大学出版社，2014.

[18] 谭白英，熊莎莎. 企业战略管理 [M]. 武汉：武汉大学出版社，2014.

[19] 滕佳东. ERP 沙盘模拟实训教程 [M]. 3 版. 大连：东北财经大学出版社，2015.

[20] 王海军. 运营管理 [M]. 北京：中国人民大学出版社，2013.

[21] 王菊萍，周伟韬. ERP 沙盘实训教程 [M]. 北京：北京理工大学出版社，2013.

[22] 王新玲，郑文昭，马雪文. ERP 沙盘模拟高级指导教程 [M]. 2 版. 北京：清华大学出版社，2009.

[23] 吴健安. 市场营销学 [M]. 4 版. 北京：高等教育出版社，2011.

[24] 杨天中. ERP 沙盘模拟企业经营实训教程 [M]. 2 版. 武汉：华中科技大学出版社，2015.

[25] 张前. ERP 沙盘模拟原理与实训 [M]. 北京：清华大学出版社，2013.

[26] 周菁. ERP 沙盘模拟教程 [M]. 北京：北京大学出版社，2013.

[27] 周三多，陈传明，鲁明泓. 管理学：原理与方法 [M]. 5 版. 上海：复旦大学出版社，2009.